Ser+ com
QUALIDADE TOTAL
Organizações Excelentes

**Celso Estrella e
Mauricio Sita**
Coordenação editorial

**Você tem neste livro lições para Ser+ com Qualidade
Total dos seguintes especialistas:**

Adriano César Rosa da Costa
Audenicio Cambra
Celso Estrella
Claudiney Fullmann
David Souza
Divino Vieira da Silva
Douglas de Matteu
Fernando Santi
José Augusto Corrêa Soares
José Carlos Bonfim
José Humberto da Rocha
Laura Núbia Penquis de Abreu
Lúcia Helena dos Santos Cordeiro
Luiz Antonio Gentile Junior
Malu Monteiro
Marcus Vinicius P. Oliveira
Ocimar Melloni
Ricardo Mendonça
Vininha F. Carvalho
Walber Fujita

Copyright© 2011 by Editora Ser Mais Ltda.
Todos os direitos desta edição são reservados à Editora Ser Mais Ltda.

Capa e Projeto Gráfico:
Danilo Scarpa

Diagramação:
Tiago Silva

Revisão:
Felipe Lima
Karina Cedeño

Gerente de Projeto:
Gleide Santos

Diretora de Operações:
Alessandra Ksenhuck

Diretora Executiva:
Julyana Rosa

Relacionamento com o cliente:
Claudia Pires

Impressão:
Imprensa da Fé

Dados Internacionais de Catalogação na Publicação (CIP)
(Câmara Brasileira do Livro, SP, BRASIL)

Ser+ com Qualidade Total – Grandes especialistas mostram o caminho da gestão pela qualidade rumo à excelência. Saiba como maximizar recursos que resultam na superação de expectativas / Coordenação editorial: Celso Estrella e Mauricio Sita – São Paulo: Editora Ser Mais, 2011.

Bibliografia.
ISBN 978-85-63178-10-7

1.Controle de qualidade. 2. Administração da produção - Controle de qualidade. 3. Controle de processos.

CDD-658.562

Índices para catálogo sistemático:

1.Controle de qualidade. 2. Administração da produção - Controle de qualidade. 3. Controle de processos.
Editora Ser Mais Ltda
av. Rangel Pestana, 1105, 3º andar – Brás – São Paulo, SP – CEP 03001-000
Fone/fax: (0**11) 2659-0968
Site: www.editorasermais.com.br e-mail: contato@revistasermais.com.br

Índice

Apresentação..07

Qualidade Total - Organizações Excelentes
Celso Estrella..09

Japão, um aprendiz, e o segredo da Terra do Sol Nascente
Walber Fujita..17

Simplificação: fazendo mais com menos
Ocimar Melloni...25

Aspectos comportamentais para a Qualidade
Lúcia Helena dos Santos Cordeiro...33

O Modelo de Excelência em Gestão e a Qualidade Total
Luiz Antonio Gentile Junior...41

Fundamentos da excelência
José Humberto da Rocha..49

Gestão de Objetivos e Metas com foco no desdobramento e gerenciamento do dia a dia
David Souza...57

O planejamento como essência
Laura Núbia Penquis de Abreu...65

KAIZEN - A prática do sucesso
Claudiney Fullmann..73

Programa 5S: por que implementar
José Carlos Bonfim...81

Manufatura celular
José Augusto Corrêa Soares..89

Educação a Distância e gestão da Qualidade
Ricardo Mendonça..97

O mundo como um prego
Divino Vieira da Silva..105

A utilização das ferramentas da Qualidade no apoio à segurança dos alimentos
Marcus Vinicius P. Oliveira..113

Qualidade Total no turismo brasileiro
Vininha F. Carvalho..121

A importância de apoiar o crescimento dos colaboradores para o sucesso da empresa
Malu Monteiro..129

O papel da liderança no caminho da Qualidade Total
Douglas de Matteu..137

Qualidade Total com *Coaching*
Fernando Santi...145

Seis σ (sigma): a metodologia "faixa preta" da Gestão da Qualidade
Adriano César Rosa da Costa..153

ISO 9004/2010 Gestão para o sucesso sustentável
Audenicio Cambra...161

Encerramento
Celso Estrella...169

Apresentação

Decidimos publicar este livro por achar que o conceito da Qualidade Total merece ser cada vez mais difundido. Se considerarmos que hoje há uma total migração de princípios e valores entre todas as atividades, chegamos a pensar que a QT poderia melhorar muito outras áreas do conhecimento humano. Seria um exagero sonharmos com um *benchmarking* de conceitos? Achamos que não. Tudo é uma questão de absorvermos e valorizarmos novas filosofias de gestão.

O conceito de *Kaizen* é corriqueiro para os dedicados à QT. Trata-se de um processo de melhoria contínua. Fazer algo "hoje melhor do que ontem e amanhã melhor do que hoje!". Isso não é absolutamente aplicável em tudo o que fazemos na nossa vida, inclusive na vida pessoal, familiar e amorosa?

Sugerimos a você, caro leitor, que além de utilizar o conteúdo deste livro para a melhoria dos processos, reduções de custos, eficiência gerencial etc., também associe o uso da metodologia de QT para as coisas da sua vida. Verá que tudo pode melhorar.

Para que este livro atingisse o seu objetivo buscamos a expertise do Celso Estrella, um dos profissionais mais respeitados do Brasil nessa área. Ao assumir comigo a Coordenação Editorial, o Celso estabeleceu parâmetros para os textos, e passou a analisá-los e a ajustar o que era necessário, para que o livro atingisse a qualidade editorial planejada.

Aproveito para agradecer a parceria, a dedicação e a seriedade com que o Celso Estrella desenvolveu o seu trabalho. Eu sabia que seria assim mesmo, mas ele me surpreendeu.

Destaco ainda uma outra característica importante: este não é um livro que termina na última página. Através do nosso *site* www.revistasermais.com.br você poderá manter contato com os autores e interagir sobre todos os seus itens de interesse. Nós, particularmente, gostamos muito dessa solução de publicar um livro aberto, que não tem fim. A atualização é constante. Aproveite.

Agradeço a todos os coautores pela participação e contribuição inestimável para a literatura da QT.

O livro, pelo seu formato e conteúdo, é um dos mais importantes já publicados.

Mauricio Sita
Coordenação editorial
Presidente da Editora Ser Mais

Ser + com Qualidade Total

1

Qualidade Total - Organizações Excelentes

Visão geral dos benefícios da QT colocando a empresa sob controle dos gestores

Celso Estrella

Ser + com Qualidade Total

Celso Estrella

Uma empresa é a ideia de um empreendedor que se materializou. É a busca pela sustentabilidade financeira e qualidade de vida. Na prática, isso nem sempre acontece dessa forma.

Convivemos com muitas empresas que mais se parecem com um automóvel velho tentando subir uma ladeira. O condutor (no caso, o empresário) esforça-se física e mentalmente para executar as manobras necessárias para chegar ao topo.

Pergunto: cadê a qualidade de vida? Por que o sonho se transforma em pesadelo?

A falta de um planejamento adequado, má administração financeira, gestão de pessoas deficiente, dentre outros, podem ser respostas.

Quero, neste artigo, analisar tal questão sob a luz da Qualidade Total, que apareceu para o mundo através do sucesso espetacular das empresas japonesas poucos anos após o término da 2ª Guerra Mundial.

O Japão, derrotado na guerra, não no espírito, oferecia ao mercado produtos de baixa qualidade. Baratos, porém descartáveis. Aos poucos a situação foi mudando. Os produtos melhoravam sua qualidade e, surpreendentemente, continuavam com preços menores do que os similares europeus e americanos. As empresas ocidentais justificavam essa melhora acusando os japoneses de copiarem os produtos desenvolvidos por outros. Verdade ou não, eles foram ganhando mercado e consolidando sua posição econômica por oferecer produtos de alta qualidade até se tornarem líderes mundiais em manufaturados.

Tudo isso aconteceu, segundo os próprios japoneses, com a implementação de uma filosofia nova chamada **Qualidade Total** (TQC- -*Total Quality Control*).

Pilotando a empresa

A melhor maneira que encontro para exprimir a Qualidade Total é a do empresário pilotando um veículo por caminhos nem sempre fáceis. Se ele conhece bem seu veículo, sabe perfeitamente o quanto deve acelerar para realizar uma ultrapassagem ou com que antecedência e força deve pisar no freio para evitar um acidente.

Sem dúvida, nosso piloto-empresário também tem pleno conhecimento dos caminhos que percorre – ou o mercado em que atua – e consegue prever com razoável acerto as manobras que os outros pilotos farão, de modo a proteger sua empresa e alcançar seus objetivos.

Essa é a melhor tradução para a palavra "controle" da sigla TQC.

Ser + com Qualidade Total

Significado de "Total"

Ishikawa[1] propôs uma mudança da sigla TQC para CWQC (*Company Wide Quality Control*) por entender que a qualidade deve ser praticada por toda a empresa, isto é, em cada atividade executada por cada colaborador.

No início, houve um entendimento errado da Qualidade Total por associarem-na ao controle da qualidade, expressão muito usada pelo setor de inspeção no qual técnicos examinavam os produtos fabricados para verificar se estavam conforme o especificado.

Com isso, o trabalho de *Deming*[2] foi catalogado como "Qualidade" no sentido das técnicas de controle de conformidade dos produtos e ficava restrito aos engenheiros e técnicos da fábrica, cuja maior responsabilidade era a de aprovar ou reprovar produtos.

Os prêmios nacionais da qualidade e a disseminação das certificações, principalmente do ISO – *International Organization for Standardization*, vêm contribuindo para impulsionar os empresários na direção do controle e melhoria de seus processos, cujo melhor caminho é adotar a Qualidade Total como referência.

No Brasil, as mais conhecidas são a ISO 9001 e a ISO 14001.

Os 14 Princípios de Administração segundo W.E.*Deming*[3]

Os empresários japoneses atribuem seu sucesso à adoção destes princípios que ainda são questionados no Ocidente.

1) Estabeleça uma constância de propósitos para a melhoria do produto e do serviço, objetivando tornar-se competitivo e manter-se em atividade;

2) Adote a nova filosofia. Estamos numa nova era econômica. A administração deve acordar para o desafio, conscientizar-se de suas responsabilidades e assumir a liderança no processo de transformação;

3) Independa da inspeção para atingir a qualidade, introduzindo-a no produto desde seu primeiro estágio;

4) Cesse a prática de aprovar orçamentos com base no preço. Ao invés disto, minimize o custo total. Desenvolva um único fornecedor para cada item, num relacionamento de longo prazo fundamentado na lealdade e na confiança;

5) Melhoria contínua dos processos de produção e de prestação de serviços, de modo a melhorar a qualidade e a produtividade e, consequentemente, reduzir de forma sistemática os custos;

6) Institua treinamento no local de trabalho;

7) Institua liderança. O objetivo da chefia deve ser o de ajudar as pessoas, as máquinas e os dispositivos a executarem um trabalho melhor.

8) Elimine o medo, de tal forma que todos trabalhem de modo eficaz para a empresa;

---

[1]Kaoru Ishikawa (1915-1989) o mais sábio guru da Qualidade Total. Dentre suas inúmeras contribuições estão a criação do CCQ e do Diagrama de Causa e Efeito ou "Espinha de Peixe".
[2]William Edwards Deming (1900-1993) é considerado o estrangeiro que gerou o maior impacto sobre a indústria e a economia japonesa no século XX.
[3]Adaptado de "A Revolução da Administração". Rio de Janeiro: Marques Saraiva, 1990.

9) Elimine as barreiras entre os departamentos. As pessoas engajadas em pesquisas, projetos, vendas e produção devem trabalhar em equipe;

10) Elimine slogans vazios. Lemas, exortações e metas para a mão de obra que exijam nível zero de falhas e estabeleçam novos níveis de produtividade. Tais exortações apenas geram inimizades, visto que o grosso das causas da baixa qualidade e da baixa produtividade encontra-se no sistema, estando, portanto, fora do alcance dos trabalhadores;

11) Elimine cotas de produção. Substitua-as pela liderança; elimine o processo de administração por resultados. Elimine o processo de administração por cifras, por objetivos numéricos. Substitua-os pela administração por processos através do exemplo de líderes;

12) Estimule o orgulho da execução. Remova as barreiras que privam os colaboradores horistas, pessoas da administração e da engenharia de seu direito de orgulhar-se de seu desempenho;

13) Institua um forte programa de educação e desenvolvimento;

14) Engaje todos da empresa no processo de realizar a transformação. A transformação é da competência de todo mundo;

O Ciclo PDCA

O PDCA, idealizado por W.A.Shewhart (1891-1967) e divulgado por Deming, é a sequência recomendada na Qualidade Total para que qualquer atividade alcance excelentes resultados. É composto por 4 etapas:

*P*lan – Planejar / *D*o – Executar / *C*heck – Verificar / *A*ct – Agir

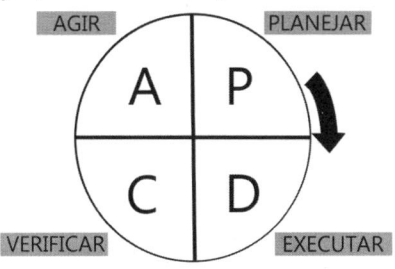

*P*lan (Planejar)

Nesta fase definimos as metas a serem alcançadas e as atividades necessárias respondendo às seguintes perguntas: o que queremos alcançar, quais atividades a cumprir, quem será responsável por cada atividade, quando cada atividade será finalizada e como cada atividade deverá ser realizada (5W-2H).

*D*o (Executar)

Esta etapa é dividida em 2 fases:
• Esclarecimento da equipe, que pode variar de uma simples

Ser + com Qualidade Total

explicação do planejado até um treinamento específico;
• "Mão na Massa", ou seja, fazer acontecer o que foi planejado, seguindo com fidelidade as atividades previstas.

O papel da supervisão é aqui fundamental para o sucesso: motivando, treinando e cobrando.

Check (Verificar)
É o controle da execução em termos de prazos e resultados. É aqui que entram os indicadores - Gestão à Vista - que, voltando à comparação empresário-piloto, seriam o velocímetro, nível de combustível, placa de quilometragem da estrada, pontos de referência etc.

Act (Agir)
Esta etapa é o fechamento do projeto, onde podemos ter 2 situações:
• As metas foram plenamente alcançadas e nossa ação será de padronização, isto é, garantir que o processo será sempre repetido do modo como o planejamos.
• As metas não foram alcançadas e nossa ação será voltar às etapas anteriores sendo que, se o método proposto não foi fielmente seguido na Execução, devemos refazer o trabalho do modo como foi planejado e ficar atentos para que não volte a acontecer desvios na execução. Se o método foi seguido devemos retornar ao Planejamento e refazer o método.

Esse é o motivo por que usa-se a expressão "rodar novamente o PDCA".

Obs.: as perguntas recomendadas na etapa do planejamento são uma adaptação da ferramenta "5W-2H" – *What, Who, When, Why, Where, How much, How*.

Considerações finais

A Qualidade Total está aprovada pelas empresas que a utilizam adequadamente. A Toyota é o grande paradigma, sendo sempre mencionada como o grande exemplo de sua plena aplicação.

Muitas empresas brasileiras ainda não perceberam que têm que mudar e continuam "patinando" na subida das ladeiras do mercado, sempre atribuindo a culpa de suas dificuldades exclusivamente a fatores externos, como o governo, a China etc. Vamos mudar, vamos implantar a Qualidade Total.

Celso Estrella

Diretor da CriaCorp – Desenvolvimento Empresarial, tem mais de 30 anos de experiência no mercado, seja com clientes internos ou externos. É engenheiro industrial com especialidade em técnicas japonesas de gestão. Educador e consultor do Sebrae. É o representante brasileiro em comitês internacionais na Europa, na Ásia e nos Estados Unidos. Foi criador do Fórum do Treinamento, do Conselho da Qualidade e do Grupo de Referência. É professor de Organização Industrial da FATEC e ministra palestras sobre Qualidade Total em diversos lugares, como Sebrae, Senai, FGV, ACSP, dentre outros.

Site: www.criacorp.com.br
E-mail: diretoria@criacorp.com.br
Telefones: (11) 9994-4421 / (11) 6199-1600

Anotações

2

Japão, um aprendiz, e o segredo da Terra do Sol Nascente

No Japão ensina-se a importância do sucesso coletivo e a seriedade de se tomar medidas de conscientização sobre os problemas gerados para a cadeia produtiva por uma peça defeituosa ou um atendimento mal feito, que é visto como se fosse um instrumento desafinado em uma orquestra, já que seu resultado pode estragar o trabalho de todo o resto do grupo

Walber Fujita

Ser + com Qualidade Total

Walber Fujita

Há poucos sons tão bonitos quanto o de uma orquestra afinada. AFINANDO SUA EMPRESA é um encontro onde o mundo corporativo se vê dentro do mundo artístico. Assim como no mundo corporativo poucas empresas são tão afinadas quanto uma orquestra, o sonho da empresa perfeita acompanha, embala, inspira ou perturba a vida de muitos maestros.

Diante de cada realidade, toda empresa em qualquer organização tem um universo interno a ser motivado e direcionado.

Para evitar decepções, as pessoas envolvidas no processo de liderança têm a difícil missão de fazer com que todos olhem na mesma direção. Podemos exemplificar que sobrevivência é uma tarefa diária, por isso ter um *kit* de ferramentas de comunicação eficiente é um grande diferencial do sucesso das empresas nipônicas.

O termo qualidade total passou a ser a expressão usada para deixar bem claro que, em uma organização, todos devem se comprometer, ou seja, pressupõe-se o envolvimento irrestrito e a recusa de qualquer nível de defeito. Assim sendo, também podemos mencionar qualidade total como a busca orquestrada da perfeição, ou melhor dizendo, o quebra-cabeça da alquimia entre a eficiência e a eficácia em busca do processo infalível da perfeição de todo o universo organizacional. Na verdade, se analisarmos bem esse quebra-cabeça de teorias podemos indagar sobre como elaborar a resposta da seguinte pergunta: onde está o pilar da qualidade total japonesa?

Reflita por uns minutos, e saiba que a resposta dessa pergunta, sendo realizada com perfeição, pode ajudá-lo a ser um vencedor.

Tive a oportunidade de vivenciar o segredo do sucesso de marcas como Honda, Toyota, Nissan, Xerox ,Cannon, Ajinomoto e para todas, em unanimidade, a qualidade perfeita japonesa está vinculada ao pilar comunicação perfeita. Se a organização não domina a comunicação perfeita, nunca chegará à qualidade total. Tenha certeza de que sem a comunicação perfeita nada funciona. Segundo especialistas, 80% dos problemas corporativos são provenientes da falha na comunicação interna, mas veja que se comunicar perfeitamente não é tão simples assim, saiba que segundo a filosofia oriental cada um tem a sua verdade e minha visão pode ser diferente da sua em relação ao mesmo objeto ou processo.

Para resolver qualquer tipo de erro de interpretação da mensagem, além dos colaboradores serem treinados para ter uma mega disciplina, os líderes têm que ajustar a sua linguagem para ser a mais clara e simples possível. Saiba exatamente do que está falando e seja direto, pois o comunicador, depois de transmitir a sua mensagem de forma correta, deve ter uma ferramenta para acompanhar a resposta e nesse momento ser paciente para escutar e identificar se o interlocutor está respondendo exatamente o que se deseja de forma correta ou se precisa corrigir ou melhorar a mensagem. A difícil tarefa de afinar um grupo exige algumas técnicas que são adotadas neste artigo e poderemos chamá-las de conceitos básicos.

Veja como iniciar um projeto de comunicação eficiente que nada mais é do que cercar, "orbitar" o público-alvo, ou seja, devem-se mapear com maior precisão possível os pontos de contato e para isso o primeiro passo é a pesquisa. Então vai a primeira dica de gestão para comunicação de qualidade (abaixo há uma dica para se elaborar uma pesquisa interna, aconselho a procurar um profissional ou estudar o tema).

1. Prepare a descrição detalhada e ordenada do projeto de pesquisa (material e métodos), lembre-se de que a comunicação acontece quando os interesses são comuns. Nessa fase o emissor (quem transmite a pesquisa) deve responder às seguintes questões: com quem? O quê? Como? Para quê? Para onde?

a. Saiba que o propósito e objetivos da pesquisa devem ser claramente apresentados, explicitando quais as novas informações que o estudo busca alcançar, em uma mensagem simples e direta.

b. Saiba o tempo previsto para o estudo e a responsabilidade requerida dos participantes.

Vou aproveitar e contar uma história envolvendo o desenvolvimento do processo de monitoração, triagem e pesquisa da cadeia produtiva interna: foi naquela manhã de quinta-feira que recebemos um questionário, o líder da seção explicou o procedimento, e como nossa reunião formava um grande círculo fomos orientados no segundo dia a trazer o questionário respondido e repassá-lo para o colaborador que estivesse do nosso lado esquerdo e ele deveria ler e completá-lo com alguma melhoria e assim o ciclo aconteceu durante uma semana, o líder pela manhã debatia os tópicos principais e o questionário rodava, a grande jogada é que todos na empresa estavam respondendo a um questionário padrão e a um específico para a seção. Com isso era incentivada a coleta de dados, que serviria para identificar problemas e soluções.

Observe que a comunicação eficaz não é uma competição, alguns profissionais acham que devem sempre sair ganhando ou ir para uma queda de braço, e no Japão, pelo contrário, é ensinada nas reuniões matinais a importância do sucesso coletivo e a seriedade de se tomar medidas de conscientização sobre os problemas gerados para a cadeia produtiva por uma peça defeituosa, um atendimento mal feito, que é visto como se fosse um instrumento desafinado em uma orquestra, já que seu resultado pode estragar o trabalho de todo o resto do grupo.

Talvez seja por isso que todos os profissionais que conheci tenham plena consciência das suas responsabilidades individuais dentro do coletivo corporativo. Por aqui temos consciência de que detalhes aparentemente sem a mínima importância podem gerar grandes transtornos para todos os envolvidos no processo produtivo. Resolver e solucionar problemas repassando o conhecimento adquirido para todos os outros é a semente de uma grande empresa japonesa. Observe que uma vez por ano todos os elementos da cadeia produtiva são envolvidos em um processo que seria um grande *feedback* do ano anterior, mas o mais incrível é que pelo forte impacto de uma comunicação interna bem elaborada e coordenada no dia a dia, os resultados não são colhidos apenas no final do ano, mas durante todo ele, e a prova desse investimento intelectual é que a Toyota coloca em prática 95% das 2,65 milhões de ideias dadas pelos colaboradores. Cada funcionário gera 61 ideias por ano, segundo minha fonte. Desde que foi implantado o sistema interno de comunicação eficiente o processo não parou mais de evoluir. Com isso chegamos à conclusão de que não adianta só pesquisar, temos também que transmitir os melhores dados e debater no dia a dia os resultados. E observe que depois de dois dias o ambiente interno da fábrica só comentava sobre os tópicos do questionário, estávamos todos envolvidos no processo, era fantástico o clima, a motivação. Para você entender melhor, visualize uns 10 mil colaboradores falando a mesma língua, com as mesmas metas e valores e todos atrás do mesmo objetivo – a qualidade perfeita.

Há quem pergunte: três dias após o lançamento oficial da pesquisa, o que foi feito? Qual o resultado? Só que para a minha surpresa, enquanto alguns perguntavam, a comprometida coordenação já estava tomando as primeiras providências com base no resultado da pesquisa. Sinto-me à vontade para comentar que as melhorias foram imediatas e certeiras, nunca vi tanto empenho para fazer o possível e o impossível para ajustar as coisas em tão pouco tempo e com uma resposta tão precisa, o ritmo da ação foi tão rápido que eu quase perdi o fôlego quando cheguei na minha seção e o pessoal do outro turno já tinha modificado a seção inteira, observe que não deu tempo nem de recolher todos os questionários, tamanho o comprometimento da equipe de coordenação. Acharam uma emergência e de pronto arrumaram. Fantástico. Alguns dias depois foi marcada a reunião com a alta cúpula da empresa e junto ao comunicado recebi uma apostila com principais itens coletados:

    a. Foi feita uma lista dos principais problemas e das principais melhorias.
    b. Foi classificado o grau de importância de cada sugestão de mudanças.
    c. Foram classificadas as mudanças para todos e para cada unidade e seção.
    d. Foi classificado o orçamento para ajustar tais mudanças.

Ser + com Qualidade Total

E foi naquela segunda-feira que me emocionei, quando um arrepio tomou conta do meu corpo ao ver um colaborador ser homenageado por 50 anos de serviços prestados. Sabe o que é ter um colaborador por 50 anos? Comentários à parte, continuaremos a experiência vivenciada por mim, me convenci de que ainda bem que não fiquei de fora de acompanhar os bastidores, pois por sorte desde o início fui convidado a presenciar todo o processo e agradeço muito por essa oportunidade. Dela tiro a lição de que é preciso pagar o preço dos erros e me adaptar às mudanças para poder crescer. Nessa reunião a diretoria fixou as metas, comunicou os resultados e para a surpresa de alguns premiou com certificação os funcionários eleitos pelo grupo pela alta qualidade, desempenho e pelas melhores sugestões de melhorias. A mensagem ficou clara de que todos estaríamos sendo premiados pelo desempenho anual da empresa e que naquele ano o bônus seria melhor, sim, ela divide os lucros que estão acima do programado para os funcionários da empresa e grande detalhe é que quem elege os melhores funcionários são os próprios funcionários. Agora, meu amigo, é estudar comunicação e adaptá-la à sua realidade no seu dia a dia.

Lembre que para poder estar de bem com a vida você tem que estar em equilíbrio tanto no trabalho como na vida pessoal. Segue uma dica: observe que é inevitável que haja conflitos de casais e parentes, toda pessoa vê as coisas de forma diferente no casamento ou dentro de casa, o correto é que para tudo ir bem deve haver diálogo e uma boa fórmula de identificar o problema, sendo assim, peça para a outra pessoa fazer um lista de conflitos e veja o que lhe incomoda mais, faça você também uma lista e veja o que lhe incomoda. Por favor, façam isso separadamente, classifiquem por grau de importância cada sugestão da lista e em seguida mostrem a lista um para o outro e conversem sobre a possibilidade das mudanças, peguem o número um de cada lista e dediquem-se a escolher a solução que mais se aproxima das necessidades dos dois. Nessa batalha não deve haver vencedor, porque onde tem um vencedor também tem um perdedor e ninguém gosta de perder, a solução só é possível quando ambos chegam a um denominador comum, decidem quem vai fazer o que, onde e quando. Coloque em prática também o resto da lista, nada mais benéfico para a vida de uma pessoa do que poder compartilhar os sonhos e os objetivos, assim levo em minhas lembranças do Japão uma lição de vida e o segredo do sucesso pessoal e profissional.

Walber Fujita

Brasileiro, nascido em Brasília (DF) no ano de 1969, profissional da área de vendas, empresário, consultor e palestrante. Hoje reside no Japão na cidade de Suzuki Shi, onde escreveu sua primeira obra, *O caminho das pedras*, pela editora CBJE.

Site: www.walberfujita.com.br
E-mails: walberfu@gmail.com / walberfu@yahoo.com.br

Anotações

3

Simplificação: fazendo mais com menos

O presente artigo tem por objetivo provar, de modo bastante direto, o quão interessante pode ser para a empresa a adoção de métodos e meios simples para a realização das mais diversas tarefas

Ocimar Melloni

Ser + com Qualidade Total

Ocimar Melloni

A vida, nesse início de século, anda um tanto complicada: trabalhamos cada vez mais e, com frequência, nos sentimos menos produtivos.
A sensação recorrente é a de termos feito tanto para conseguirmos muito pouco. Complicamos o que poderia ser simples.

Seria muito bom repensarmos nossos processos organizacionais para fazermos deles coisas mais simples, mais fáceis de gerenciar, que evitem custos desnecessários, perda de tempo e desperdício de recursos.

Precisamos obter resultados superiores nos processos existentes, se possível sem qualquer investimento, e isso só é possível por meio da *simplificação*.

Em nosso caso, simplificação pode ser entendida como um conjunto de ações tomadas para tornar um processo administrativo ou produtivo mais fácil, mais rápido e mais barato, sem prejuízo de suas finalidades.

Não raro, deparamos com pessoas que complicam o básico, rebuscam e sofisticam o óbvio ou até tentam esconder deficiências atrás de processos que, de tão complexos, deixam de ser eficazes.

Hoje, em nossa cultura empresarial, existe a tendência de admirar e valorizar a complexidade, as coisas intrincadas. Tendemos a vincular o complicado com a genialidade, o que, convenhamos, pode ser verdade num laboratório de pesquisas, mas cruelmente perverso numa organização desafiada em cada momento a dar respostas melhores e mais rápidas ao mercado.

O oposto da *Simplificação* pode ser visto quando uma organização, até então indiferente às forças de mercado, ao sentir-se ameaçada, resolve implantar rapidamente um programa voltado para a Qualidade Total e adota isso como um fim em si e não como um meio para o seu desenvolvimento e sobrevivência.

A Qualidade tem que ser encarada como o alicerce de uma estratégia organizacional. É ela que dá sustentação à produtividade, que gera mais competitividade que, por sua vez, gera mais lucratividade e dá sustentabilidade ao negócio, porém, quando se perde o referencial do real papel da Qualidade, trabalha-se para que ela se torne a razão da existência da empresa, burocratizando-a e tornando-a merecedora de todos os recursos disponíveis, um verdadeiro buraco negro, sugando tudo ao seu redor.

Não estamos dizendo que a Qualidade não mereça ser tratada como prioridade, mas sim que devemos estar atentos para evitar exageros e custos que não gerem resultados perceptíveis e mensuráveis para as pessoas impactadas pelos negócios da empresa.

Vejamos exemplos sobre alguns exageros e carência de *simplificação*, bem como desperdícios de recursos e alguns alertas sobre como podemos fazer mais fácil, mais simples e mais barato o que realmente precisa ser feito.

Programa 5S

O Programa 5S é aceito por consenso geral como sendo a base da Qualidade Total, o primeiro passo para a longa caminhada rumo à excelência.

Ser + com Qualidade Total

Pois bem, certo dia, enquanto trabalhava, fui surpreendido por uma invasão de coordenadores do Programa 5S da empresa que, munidos de etiquetas e altamente motivados, passaram a identificar todos os armários e seus respectivos conteúdos, as tomadas e suas voltagens etc.

Até aí, tudo bem, mas, ato contínuo, passaram a etiquetar as gavetas das mesas dos colaboradores e, em sinal de respeito à privacidade alheia, eles decidiram que não iriam abri-las para identificar o que estava dentro, fato esse que achei elogioso. Limitaram-se a colar em cada gaveta uma etiqueta com a identificação "Gaveta", o que, obviamente, todos nós sabíamos e jamais iria fazer qualquer diferença ter ou não ter tal identificação, a não ser para um estrangeiro que estivesse estudando a língua portuguesa.

Sistema de Gestão da Qualidade

Peguemos, como outro exemplo, a norma certificadora NBR-ISO 9001. Em nome dela, muito se investe desnecessariamente em coisas que todos percebem que irão dificultar a fluidez das atividades e das informações, reduzirão a flexibilidade de atendimento às necessidades dos clientes etc.

Logo na segunda-feira seguinte à comemoração da tão desejada certificação, as pessoas começam a sentir saudades do tempo em que não era necessário assinar as três vias do novo formulário de autorização para se ir ao banheiro durante o expediente, aliás, nem existia formulário, e ir ao banheiro nunca foi um problema para a operação. Desculpe o exemplo bobo, mas o intuito é ilustrar o conceito de coisas que não agregam valor, mas alguém disse que tem que ser feito para atender um requisito normativo.

Por vezes, quando se questiona o porquê de não se acabar com tanta burocracia, quase que, invariavelmente, a resposta que recebemos é: "Concordo com você, mas a norma manda fazer assim" ou pior "Olha, se não fizermos assim, o auditor poderá dar uma não-conformidade e iremos perder a certificação".

Há muito tempo, aprendi na prática o que um grande amigo meu falava a respeito disso: "Existem apenas três regras fundamentais para se implementar, com sucesso, um sistema de gestão eficiente e eficaz da Qualidade em uma organização: Não engesse, não complique e, seja lá o que for, tem que agregar valor para o negócio".

1ª Regra: não "engessar" os processos

Muitas vezes, seja porque não entendemos o real "espírito da norma" ou por temor, não ousamos abrir espaço para a criatividade e inovação, sufocamos nossos processos e restringimos a liberdade para adoção de soluções alternativas mais simples.

Certa vez, durante um treinamento de auditores internos em uma empresa, ao analisar um procedimento formal para preparação de moldes para fundição, notei que o texto era altamente restritivo, inclusive especificando que o código da peça que iria ser fundida deveria ser escrita com giz amarelo no molde de areia.

Com intenção didática, anotei imediatamente como item a ser auditado a verificação da cor do giz que estava sendo utilizada no processo. Os treinandos reclamaram no mesmo instante, dizendo que não fazia a menor diferença a cor do giz, o importante era a identificação do código da peça. Respondi que eu não entendia nada sobre fundição, mas acreditava que eles sim e, por coerência, tinha que acreditar que o giz amarelo faria alguma diferença no processo.

Na verdade, aproveitamos aquela oportunidade para compartilhar o seguinte: uma boa regra para buscarmos a *Simplificação* é formalizar o que realmente é necessário e não definirmos com exagerado rigor o que não fará a menor diferença no resultado do processo.

É evidente que existem casos em que um maior detalhamento é necessário, principalmente em processos novos ou que ofereçam riscos, mas isso não invalida a regra geral de *não engessar*. A propósito, a cor do giz que estava sendo utilizado no processo durante a realização da auditoria interna era cor-de-rosa.

2ª Regra: não complique os processos

Outro ponto importante é nunca ceder à tentação de rebuscar os processos simples, como se fossem árvores de natal, tornando-os mais onerosos.

Lembram-se daquela história de como a Nasa superou o desafio de criar um produto especial para que os astronautas pudessem escrever suas anotações nas missões espaciais? O produto teria que funcionar mesmo na falta de gravidade, de cabeça para baixo, imerso em água, em altíssimas e baixíssimas temperaturas etc. Depois de muitas pesquisas, tempo e dinheiro gastos, foi concebida uma caneta *high-tech*. Custou uma quantia vultuosa, mas atendeu às expectativas, afinal o produto funcionou perfeitamente para o que foi concebido. O constrangedor disso tudo foi descobrir que, muito antes, os concorrentes russos tinham resolvido os mesmos desafios usando um instrumento razoavelmente simples: *um lápis escolar comum*.

Tenha sempre em mente que nas organizações, os recursos serão sempre limitados e devem ser economizados ao extremo, ao contrário da criatividade e engenhosidade humana, que precisam ser sempre incentivadas e valorizadas.

É sempre saudável lembrarmo-nos de que é desperdício usarmos raio *laser* se for possível alcançar os mesmos resultados de eficiência e eficácia usando um simples lápis e um pedaço de papel.

3ª Regra: tudo o que for feito tem, necessariamente, que *agregar valor*

O que não agrega valor, com certeza agrega custo, às vezes custos camuflados, escondidos ou escamoteados, que podem minar a saúde de uma organização.

Os processos organizacionais e suas atividades têm que levar em conta que somente o que é realmente necessário deve ser realizado. Sempre alguém tem que perceber claramente que foi beneficiado, seja

Ser + com Qualidade Total

esse alguém o cliente, o acionista, o colaborador, o fornecedor ou a sociedade como um todo.

A *Simplificação* é abrangente e urgente

Em termos gerais, os mesmos princípios de *simplificação* de processos podem ser aplicados a nós, profissionais, pessoas de carne, osso, alma e emoções. Somos continuamente desafiados pelo mercado a fazer mais rápido, mais barato e melhor cada coisa que fazemos. Somos cobrados a fazer mais com menos e, em razão disso, temos que avaliar continuamente se o que estamos executando em cada atividade de nosso trabalho está realmente atendendo a alguma necessidade legítima da organização.

Se o que estamos fazendo não está contribuindo para a melhoria da qualidade do produto, nem para a redução dos custos, nem para melhorar o atendimento ao cliente em termos de prazos e quantidades de entrega, nem para garantir a segurança das pessoas e dos produtos, nem para a melhoria do ambiente de trabalho, nem para reforçar a prática da responsabilidade socioambiental, talvez seja hora de simplificarmos nossos processos.

Algumas perguntas que poderão ajudar a simplificar processos:

Olhe para o processo como um todo e questione:
Qual o resultado que as pessoas (clientes, acionistas, colaboradores, fornecedores, governo e sociedade em geral) realmente esperam e exigem desse processo?
O que realmente importa em cada etapa do processo para que consigamos alcançar os resultados que as pessoas esperam?
Como faríamos para conseguir o mesmo resultado desse processo se tivéssemos somente metade do espaço, metade do pessoal, metade do orçamento e metade do tempo que temos?
Olhe individualmente para cada atividade do processo e questione:
Essa atividade está sendo realizada por tratar-se de desejo ou real necessidade?
O cliente percebe facilmente a contribuição dessa atividade no processo e está disposto a pagar por isso?
As pessoas que estão executando o processo estão seguindo rigorosamente as instruções?
O que aconteceria se simplesmente deixássemos de executar essa atividade?
Seja no que e aonde for, tenha sempre em mente que o mundo já está complicado o suficiente e complicá-lo ainda mais não é uma atitude razoável.

Simplesmente procure ser simples!

Ocimar Melloni

Diretor da Masa da Amazônia, empresa eleita por sete vezes uma das 100 melhores para se trabalhar no Brasil, sendo em 2006 e 2007 a melhor do *ranking* pelo Guia Exame/Você S.A., reconhecida no mercado local e nacional pelo compromisso com seus clientes e contínua melhoria de seus processos. Graduado em Tecnologia em Projetos Industriais (UNESP/SP), Pós-Graduado em Análise de Sistemas pela Faculdade Armando Álvares Penteado/SP e Administração de Recursos Humanos (UFAM/AM). Possui também cursos de especialização em Administração da Produção (FGV/SP), Administração de Projetos (FCAV/SP), e nas áreas de Gestão de Pessoas, Qualidade, Modelos de Gestão e Liderança. Atuou como Gerente da Garantia da Qualidade, Gerente de Produção, Gerente de Engenharia em empresas nacionais e internacionais de grande porte (Whirlpool, Pepsi Cola, Multibrás) e como diretor de Planejamento e Administração Financeira da Secretaria de Educação do Governo do Estado do Amazonas.

Telefone: (92) 8163-0003

Anotações

4

Aspectos comportamentais para a Qualidade

Qualidade Total não é mais tendência nem modismo. O mundo exige qualidade de serviços, produtos e, principalmente, qualidade humana

Lúcia Helena dos Santos Cordeiro

Ser + com Qualidade Total

Lúcia Helena dos Santos Cordeiro

SELO ou SÊ-LO? Eis a questão.

Dentre os papéis que assumo nas organizações como consultora organizacional para construção de equipes de alta *performance*, está o de auditora líder para certificação da qualidade, ISO 9001:2008.

Observo, infelizmente, que a certificação não assegura a Qualidade Total nestas organizações. Processos mapeados e bem redigidos, Manuais da Qualidade confeccionados com materiais nobres e, entretanto, a cultura da qualidade nela não predomina.

Onde estaria a *"causa raiz"* do problema? Simples resposta: nem todos os colaboradores têm o compromisso primeiro com a "sua" qualidade pessoal e profissional. Daí, o título de um livro que estou escrevendo: "Selo ou Sê-lo: Profissionais **da** Qualidade ou Profissionais **de** Qualidade?".

Um dos mais importantes pensadores da moderna administração, Jim Collins, é autor da frase: *"Gente excelente não tem emprego, tem responsabilidade"*. Somente esta assertiva já nos leva à constatação de que, profissionais responsáveis, com ou sem "selo/certificação" primam pela qualidade em tudo o que se propõem a fazer.

A expressão "Qualidade Total" vem sendo utilizada desde a década de 80 como "padrão de excelência organizacional". Entretanto, historicamente, a preocupação com a qualidade vem desde a Idade Média, quando os "mestres de ofício" tinham como atividade principal a inspeção do trabalho, praticamente artesanal, realizado pelos "aprendizes de ofício".

O conceito de Qualidade era baseado na durabilidade do produto a ser colocado no mercado. Quanto mais "durável", maior a satisfação do cliente com relação à empresa desenvolvedora do produto.

Com a Revolução Industrial e o consequente aumento de produção, a preocupação com a qualidade volta-se à busca de um tratamento "estatístico", ao qual denominaram "Sistemas de Controle de Qualidade", baseado em inspeção por amostragem e gráficos, surgindo então os primeiros conceitos de "padronização" por "gabaritos", considerados "modelos de eficácia".

Apesar do avanço destas técnicas, observa-se que um efetivo "Programa de Qualidade" passa obrigatoriamente pela qualidade da gestão organizacional, culminando então no conceito de "Qualidade Total" como sinônimo de melhoria contínua, não só do produto ou serviço, mas de todo um processo gerador de qualidade (cliente interno, cliente externo, fornecedores, comunidade onde está inserida e outros *stakeholders*).

Dentro desta filosofia, as primeiras teorias nos chegaram por meio de práticas implementadas no Japão, consideradas como modelo de sucesso e para onde muitos profissionais brasileiros foram enviados,

Ser + com Qualidade Total

com a missão de atuar como "agentes multiplicadores" ao retornar às suas organizações. Esqueceram estes, entretanto, que a cultura ocidental difere e muito da disciplinada cultura oriental.

Em artigo recente, lemos que a Qualidade Total era a busca orquestrada pela excelência. Mas o problema era que a orquestra era japonesa... como, então, "ocidentalizar" tais conceitos?

Muitos acreditam que os resultados conquistados pela filosofia japonesa de qualidade estão intimamente ligados à tradição cultural, com predomínio da disciplina e foco no que fazem, o que dificilmente poderá ser traduzido para outras culturas. Não podemos, contudo, esquecer que os japoneses adaptaram o *know-how* americano à sua própria cultura. Portanto, o que nos dificulta customizar tais conceitos de sucesso?

Sabemos que não há mais possibilidade de se buscar excelência em produtos ou serviços sem implementar programas de desenvolvimento e motivação junto ao cliente interno, este sim, efetivo gerador de satisfação (ou não...) a Clientes Externos, hoje não mais preocupados com a "durabilidade" mas, com a qualidade dos produtos "descartáveis"...

Afinal, o mundo é dinâmico e "*a única constante do universo é a mudança*", dizia Heráclito, que já antevia a necessidade da busca de melhorias contínuas em todas as áreas da vida humana (e, consequentemente, nas organizações).

Faz-se, então, mais do que necessário, quase que vital, a dinamização dos talentos humanos para que se sintam estimulados a romper com velhos paradigmas, a usar seu potencial criativo para a busca de novas soluções para velhos problemas.

Hoje a valorização está no "capital intelectual" das organizações, ou seja, "as boas ideias é que valem ouro" e fazem a efetiva diferenciação no mercado competitivo.

Nem bem nos posicionamos na era da informação e já estamos na intersecção com a era do significado, onde o ser humano é o foco do processo, ou seja, depende dele as respostas às clássicas perguntas: qual o sentido da palavra "trabalho" em minha vida? Busco a excelência em todas as minhas ações diárias? Sinto-me comprometido com a organização em que escolhi trabalhar? Que melhorias trouxe para os processos sob minha responsabilidade desde a minha admissão? O que me diferencia dos outros profissionais? E muitas outras...

Quando se fala em "Qualidade Total", deveríamos resgatar o "colocar as pessoas em primeiro lugar" e a "qualidade pessoal", ambos conceitos da TMI (*Time Manager International*) e suas respectivas filosofias, métodos e ferramentas que provocaram à sua época uma revolução no conceito de qualidade.

Segundo Claus Moller, em seu livro "O Lado Humano da Qualidade", esta revolução na consciência de qualidade é, antes de tudo, uma nova forma de pensar a respeito da qualidade. Ainda segundo ele, ao invés de se concentrar apenas na qualidade do produto ou serviço, ou ainda buscar satisfazer às expectativas dos clientes, faz-se necessário buscar prioritariamente a qualidade dos esforços individuais daqueles responsáveis pelos diferentes processos organizacionais.

Ao implementar um Programa de Qualidade Total, precisamos inicialmente estabelecer um programa de desenvolvimento da qualidade (pessoal e profissional) para todo o time de colaboradores, pois somente por meio da melhoria da comunicação interna, das inter--relações entre as diversas células organizacionais, da ampliação da visão sistêmica, do fim do "o problema não é meu" e outros, é que teremos a efetiva construção de um time de alta *performance* com foco em Qualidade, em substituição às EU-Quipes.

Pesquisas recentes que venho conduzindo durante treinamentos corporativos em organizações de médio e grande porte ratificam as percepções de que: menos de 30% do efetivo destas organizações sabe e conduz suas ações com relação à missão, visão e valores estabelecidos na Política da Qualidade. E o mais preocupante é quando se pergunta às lideranças.

O mesmo acontece quando solicitado a "desenhar" a estrutura organizacional por eles percebida. Poucos conseguem retratá-la com clareza. Daí a pergunta: se não tem a visão do todo, não tem clareza de seu papel no todo, como contribuir eficazmente para com ela?

Na maioria das organizações certificadas, a própria certificação da qualidade inibe o principal fator de um sistema de gestão da qualidade que é a busca permanente por melhorias contínuas.

Ao perguntar durante a pesquisa, quantas inovações você trouxe no último ano para os processos sob sua responsabilidade ou para outros diagnosticados na organização como oportunidades de melhoria, menos de 10% evidenciou avanços. Na busca pelos "porquês", observamos que a forma como foi implantado o sistema de Gestão da Qualidade não primou pelo estímulo e engajamento do time de colaboradores.

Ao contrário, ouvimos que nem todos os envolvidos nos processos participaram no estabelecimento da melhor forma de fazer tais atividades (o que fazer, por que fazer, para quem, quando fazer, resultados esperados, indicadores de sucesso etc.) e que, portanto, é "melhor fazer como aqui está descrito" ou pior, "só fazer como está descrito no Manual da Qualidade", quando do recebimento dos Auditores Externos, de forma a não receber "não-conformidades" que possam conduzir à perda da Certificação "conquistada".

Relatórios críticos são gerados, mas os dados ali contidos não são gerenciados. Gerenciar conduz às ações corretivas e ações corretivas precisam ser conduzidas por "gente" que deveria ter primado pela

Ser + com Qualidade Total

excelência, evitando assim retrabalho, sem falar em perda de tempo, energia, dinheiro e desgaste junto a clientes internos e/ou externos.

Miguel Pedro Cardoso, em seu livro "Qualidade Total e Alquimia", cita pesquisas que demonstram que o índice de satisfação dos clientes é correlato ao índice de satisfação dos colaboradores, ou seja, colaboradores satisfeitos produzem serviços e produtos de qualidade, encantando mais seus clientes.

A pessoa que presta o serviço ou desenvolve um produto é quem determina, em grande parte, a maneira pela qual o cliente o percebe.

Gosto de brincar com os colaboradores de empresas consideradas de "não excelência". Pergunto-lhes:
 - Você compraria o produto que fabrica ou o serviço que presta?
 - Você os recomendaria a amigos e familiares?
 - Você se sente orgulhoso de participar deste time?
 - Você sabia que a leitura do mercado é: Organizações de Excelência é sinônimo de profissionais de excelência?

Como podemos reverter este quadro? Resposta: trabalhando com foco no desenvolvimento dos aspectos comportamentais que afetam a qualidade. Embora a resposta pareça simples, não o é de fácil implementação. Não bastam programas, cursos e palestras motivacionais se não vierem associados a ações que levem efetivamente a mudanças comportamentais.

A liderança (desde o envolvimento da alta administração) deve estar comprometida com o sucesso organizacional e não somente "correr atrás" para a manutenção da certificação "conquistada". Lideranças de qualidade conduzirão sua equipe a se tornar um time de qualidade.

É preciso mudar modelos mentais ("eu faço a minha parte"), quebrar paradigmas ("o pessoal de cima não estimula para melhorias contínuas", "alguns acham que os incomodamos com novas ideias" etc.), passar a ter "pensamentos de qualidade", pois são estes que o conduzirão às "ações de qualidade" e, consequentemente, a resultados espetaculares.

Para reflexão final:
Que e como estão sendo implementadas ações junto ao seu time de colaboradores neste novo modelo organizacional ora exigido? Se este importante foco não estiver sendo considerado, não falemos em "Qualidade Total", mas, quando muito, em "Qualidade Parcial".

"Faze o bem que te compete no mundo; cumpre bem as tuas tarefas; ocupa-te da obra que te encontras, para fazê-las o melhor possível, assim será muito bom para ti e para todos."
(Prof. Henrique José de Souza)

Lúcia Helena dos Santos Cordeiro

Palestrante motivacional e conferencista, mestre em Administração, Educação e Comunicação, *Business & Executive Coach – Coaching Assessment*, consultora organizacional e educacional, especialista na área de Gestão de Talentos Humanos, Construção de Times de Alta *Performance*, Desenvolvimento de Lideranças, Excelência em Atendimento e Qualidade Total, profª mestre para cursos de pós-graduação e MBA's.

Site: www.illuminath.com.br
E-mails: lhcordeiro@litoral.com.br; luciahelena@illuminath.com.br
Telefones: (13) 3234-1852 / (13) 9714-8802
Facebook: facebook.com/lhscordeiro
LinkedIn: linkedin.com/in/palestranteluciahelena
Skype: luciahelena19521

Anotações

5

O Modelo de Excelência em Gestão e a Qualidade Total

O sucesso de uma organização está diretamente relacionado à sua capacidade de atender às necessidades e expectativas de seus clientes. Estas capacidades devem ser identificadas, entendidas e utilizadas para que se crie o valor necessário para conquistar e reter esses clientes

Luiz Antonio Gentile Junior

Ser + com Qualidade Total

Luiz Antonio Gentile Junior

Ter um referencial para melhor se conduzir na vida é adequado para todas as pessoas direcionarem melhor suas trajetórias e alcançarem seus objetivos de forma mais eficiente e eficaz. Os valores adquiridos ao longo da vida, pela educação, pela cultura e por crescimento pessoal, encaminham melhor as pessoas e evitam que elas persigam objetivos falsos ou saiam do caminho correto.

Isto também é válido para as organizações. Ter um referencial de gestão, que contenha um conjunto organizado de boas práticas, ajuda as organizações a melhor se direcionarem estrategicamente, elaborar diagnósticos corretos e implementar ações efetivas que as levem a patamares elevados de excelência organizacional.

O Modelo de Excelência da Gestão® (MEG) tem este intuito: servir de referencial em gestão organizacional. Este artigo mostra sua estrutura, dinâmica e os aspectos da qualidade total e como as organizações podem assegurar sobrevivência e crescimento com a sua adoção.

Entender, contextualizar e praticar a Gestão pela Qualidade Total (GQT) passa pela adoção de uma referência mundial em gestão, que é o MEG.

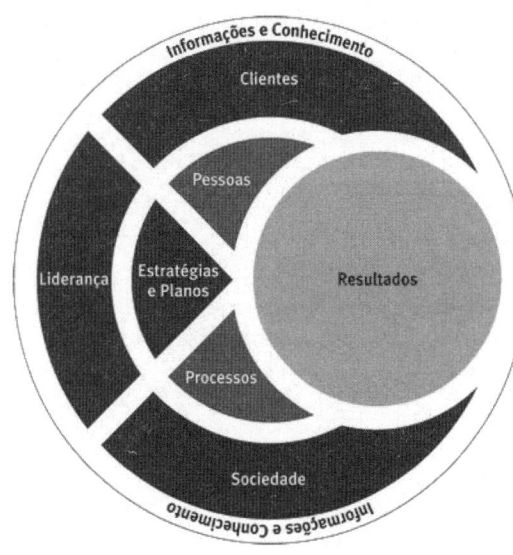

O MEG, adotado pela Fundação Nacional da Qualidade – FNQ, é baseado em onze fundamentos e oito critérios. Eles podem definir os pilares e a base teórica e referencial de uma boa gestão. São eles: *Pensamento sistêmico; Aprendizagem organizacional; Cultura da inovação; Liderança e constância de propósitos; Orientação por processos e informações; Visão de futuro; Geração de valor; Valorização das pessoas; Conhecimento sobre o cliente e o mercado; Desenvolvimento de parcerias* e, finalmente, *Responsabilidade Social*.

Esses fundamentos são colocados em prática por meio dos oito critérios: *Liderança; Estratégia e planos; Clientes; Sociedade; Informações e conhecimento; Pessoas; Processos; Resultados*.

Os critérios representam as várias dimensões que compõem as organizações. Estas dimensões são inter-relacionadas e formam um todo sistêmico – **um conjunto de partes distintas que se relacionam, afetando e sendo afetadas pelo ambiente externo, visando atingir de-**

terminados resultados – cuja dinâmica é determinada segundo o ciclo de PDCA (*Plan, Do, Check, Action*), como veremos a seguir.

A figura representativa do MEG simboliza a organização, considerada como um sistema orgânico e adaptável ao ambiente externo (sistema aberto).

O sucesso de uma organização está diretamente relacionado à sua capacidade de atender às necessidades e expectativas de seus **clientes**. Estas capacidades devem ser identificadas, entendidas e utilizadas para que se **crie o valor** necessário para conquistar e reter esses clientes. A adoção de estratégias e práticas de gestão do relacionamento pela organização com seus clientes permite que aquela obtenha um **conjunto importante de informações e conhecimentos sobre estes e o nicho de mercado que eles formam**; isto se constitui em fator crítico de sucesso para a qualidade e excelência.

Para que haja continuidade em suas operações, a organização também deve identificar, entender e satisfazer as necessidades e expectativas da **sociedade** e das comunidades com as quais interage — sempre de forma ética, cumprindo as leis e preservando o ambiente. Uma das responsabilidades das organizações neste sentido é a indução do desenvolvimento social e econômico na comunidade em que está inserida. A chamada "responsabilidade socioambiental" insere-se no conceito de "sustentabilidade", que recomenda que a operação da organização deva ser economicamente viável, socialmente justa e ecologicamente correta.

Em posse de todas essas informações, a **liderança** estabelece os valores da organização, prática e vivência dos fundamentos da excelência, impulsionando, com seu exemplo, esta cultura na organização. Os líderes analisam o desempenho e executam, sempre que necessário, as ações requeridas, consolidando **o aprendizado organizacional**. A liderança deve se pautar por estilos gerenciais adequados ao estágio de maturidade organizacional e **liderar pelo exemplo e constância de propósitos**, inspirando as pessoas para uma trajetória de excelência, propiciando ambiente de trabalho com qualidade de vida, motivação e proatividade.

As **estratégias e planos** são formulados pelos líderes para direcionar a organização e o seu desempenho, determinando sua posição competitiva. Eles são desdobrados em todos os níveis da organização, com planos de ação de curto e longo prazo. Recursos adequados são alocados para assegurar sua implementação. A organização avalia permanentemente a implementação das estratégias e monitora os respectivos planos, respondendo rapidamente às mudanças nos ambientes interno e externo. A prática da **gestão estratégica** contínua garante à liderança condições seguras para um bom direcionamento estratégico, desempenho excelente e alcance da **Visão de futuro**.

Considerando os quatro critérios apresentados, tem-se a etapa de planejamento (P) do ciclo PDCA.

As **pessoas** que compõem a força de trabalho são selecionadas e recrutadas através de adequadas sistemáticas, que consideram o perfil psicológico e profissional requerido e que formam a competência funcional (Conhecimentos, Habilidades e Atitudes - C.H.A), adequadamente integradas à cultura da organização, constantemente capacitadas. E a satisfação pessoal e profissional, bem como a motivação, são continuamente monitoradas. O desempenho profissional é avaliado periodicamente e se constitui em incremento para a melhoria profissional e a carreira. Estas pessoas trabalham em um ambiente físico e relacional, que considera a qualidade de vida um fator crítico de sucesso e são, sistematicamente, incentivadas a denunciar erros e a contribuir com propostas de **inovação,** sendo reconhecidas e premiadas por estas atitudes. O medo no ambiente de trabalho inexiste ou é pouco expressivo. Ou seja, as pessoas são valorizadas! Tudo isso propicia e contribui para a consolidação da cultura da excelência.

Com isso, é possível executar e gerenciar adequadamente os processos de trabalho, garantindo o controle da rotina e da melhoria, criando valor para os clientes e aperfeiçoando o relacionamento com os fornecedores. Enfim, desenvolvendo parcerias e garantindo a qualidade sistêmica da organização. Esta planeja e controla os seus custos e investimentos. Os riscos financeiros são quantificados e monitorados permanentemente.

Conclui-se, neste momento, a etapa referente à execução (D) no PDCA.

Para efetivar a **etapa do Controle (C)**, são mensurados os resultados em relação à situação econômico-financeira; clientes e mercado; pessoas; sociedade; processos principais do negócio e processos de apoio; e fornecedores, que constituem as partes interessadas (*stakeholders*) da organização. Esta última considera e se compromete a atingir resultados, **gerando valor**, satisfazendo plenamente as necessidades destas partes interessadas.

Os efeitos gerados pela implementação sinérgica das práticas de gestão e pela dinâmica externa à organização, podem ser comparados às metas estabelecidas para eventuais correções de rumo ou reforços das ações executadas. As discrepâncias e desvios observados são investigados e corrigidos.

Esses resultados, apresentados sob a forma de i**nformações e conhecimento**, tanto do ambiente externo, como do ambiente interno, retornam a toda à organização, complementando o ciclo PDCA com a etapa referente à **Ação (A)**.

Essas informações representam a inteligência da organização, viabilizando a análise do desempenho e a execução das ações necessárias em todos os níveis. A gestão das informações e dos ativos intangíveis é um elemento essencial à jornada em busca da excelência. Isto também alimenta o aprendizado organizacional e a manutenção da gestão do conhecimento.

Os oito critérios de excelência estão subdivididos em vinte e quatro itens, cada um possuindo requisitos específicos e uma pontuação máxima. Destes, dezoito representam os aspectos de enfoque e aplicação, e seis, os resultados.

Pode-se perceber que os critérios da excelência, bem como os fundamentos que sustentam o MEG, formam um todo harmônico, consistente e lógico e, por isso, prestam-se a servir como referência de excelência em gestão a todas as organizações, de modo geral, independente do porte, segmento econômico, organizações privadas ou públicas, com ou sem finalidades lucrativas, clubes recreativos, associações de classe, sindicatos, igrejas etc. Isto empresta ao modelo um caráter universal, legitima e sustenta sua eficácia e eficiência para a referência da prática da gestão organizacional.

Uma característica importante que se destaca no MEG e que determina a trajetória da organização rumo à **excelência**, é **o alcance de resultados planejados que satisfaçam plenamente as necessidades das partes interessadas – acionistas, clientes, funcionários, fornecedores, sociedade – de maneira equilibrada**, ou seja, se a organização não cumpre esta condição do modelo, não consegue garantir, ao longo do tempo, sua continuidade. O desequilíbrio no alcance de resultados – desbalanceamento entre as partes interessadas – leva a organização à uma curva descendente de desempenho organizacional e pode levar à sua destruição. Esta é uma situação típica de sistemas que "crescem para dentro" e levam a uma situação de entropia.

Pelo exposto, cremos que o MEG tem plena sintonia com a filosofia da GQT no que tange aos seus princípios, objetivos, diretrizes e práticas. Cabe lembrar que o modelo não é prescritivo, ou seja, não sugere metodologias, instrumentos e ferramentas específicas, mas, sim, a adoção de um conjunto de práticas gerais que devem ser escolhidas e adaptadas a cada organização, obedecendo a suas características e especificidades.

A Fundação Nacional da Qualidade, FNQ, tem em seu site[1] pesquisas que demonstram que as organizações que adotaram o MEG como referência em gestão vêm conseguindo alcançar patamares elevados de desempenho organizacional, considerado sob várias óticas: faturamento, lucro bruto, lucro operacional, lucratividade e rentabilidade do capital. Ao observar as diversas escalas de reconhecimento de **boas práticas** em gestão, tais como prêmios setoriais ("As Melhores Empresas para Você Trabalhar"; "Empresas Mais Inovadoras" etc.), pode-se notar um denominador comum entre as melhores posicionadas – todas elas, em graus diferenciados de internalização, seguem as práticas de excelência em gestão preconizadas pelo MEG.

Concluindo, podemos afirmar que a adoção do MEG como modelo referencial da gestão vem a somar com os demais esforços das organizações, garantindo o que é essencial para elas: **sobrevivência e crescimento**. Portanto, programas da Qualidade Total de melhorias contínuas, como "Kaizen", "Manufatura Enxuta", "Gestão da Inovação" etc., devem continuar a serem implementados e mantidos para assegurar que as organizações prossigam em suas trajetórias rumo à **excelência**.

---

[1] *Site* Fundação Nacional da Qualidade - www.fnq.org.br - disponibiliza leituras e instrumentos de medição do grau de aderência das organizações frente ao MEG.

Luiz Antonio Gentile Junior

Economista e contador, pós-graduado pela EAESP-FGV, PUC-SP e IMT, Luiz Antonio Gentile Júnior é também auditor, consultor, executivo e professor, atuando há 35 anos em organizações como PWC, KPMG, VILLARES, BOMBRIL, ELEBRA, FMU. Desde 1992 atua em projetos de Gestão da Qualidade, Estratégia e Inovação e em projetos de capacitação junto às instituições: UNIFECAP, USP, UNICAMP, FAAP, METODISTA, EAESP-FGV, SEBRAE etc. Vem participando de projetos de práticas inovadoras em Gestão Pública, dos quais alguns ganharam importantes premiações nacionais e internacionais. Atualmente direciona-se para o aprimoramento da gestão organizacional, sua dinâmica e relação com o MEG. É examinador do Prêmio Nacional da Qualidade – FNQ (Ciclo 1995), sócio das empresas Germinal-Cultura e Desenvolvimento Organizacional e Gentile & Associados – Educação e Desenvolvimento Empresarial.

Site: www.germinalconsultores.com.br
E-mails: gentile@germinalconsultores.com.br;
    gentilejunior@uol.com.br
Telefones: (11) 5085-0280 / (11) 9654-3181
Skype: Luiz.Gentile

Anotações

6

Fundamentos da excelência

Este artigo faz uma análise da evolução histórica dos referenciais estratégicos adotados pelas empresas e instituições, como forma de orientação e norteamento dos processos decisórios. A prática de utilização de princípios, mandamentos e fundamentos relacionados com a filosofia da gestão pela qualidade rumo à excelência organizacional, tem garantido a muitas empresas ao redor do mundo e no Brasil, em particular, a conquista do sucesso, tanto pelo reconhecimento dos seus clientes, quanto pela sustentabilidade dos seus negócios

José Humberto da Rocha

Ser + com Qualidade Total

José Humberto da Rocha

Ao longo da história, uma premissa se tornou verdadeira: "Nenhuma atividade da sociedade humana sobrevive sem base econômica". Uma reflexão mais cuidadosa sobre seu significado nos leva a olhar com mais atenção para o meio em que estamos inseridos. E, muitas vezes, por comodismo ou por inocência, somos levados a acreditar que o mundo está pronto e nada podemos fazer para mudar a sua realidade.

Contudo, a história nos mostra que a sociedade humana convive com as diferenças impostas pelas mudanças da sua própria evolução. A inexistência dos meios de comunicação e dos meios de transporte durante milhares de anos promoveu o isolamento entre os povos e nos trouxe para os dias de hoje uma variedade de etnias, idiomas, crenças, culturas e diferenças no poder econômico.

A diferença do poder econômico, observada entre os povos conquistadores e os povos conquistados, permitiu aos primeiros os melhores meios de transporte, comunicação, armas e pessoas treinadas para a missão de conquistar. A absorção da cultura do conquistador se fez mais presente na forma de falar e escrever, nos hábitos alimentares, no vestuário e na crença religiosa, seguidos da arquitetura e do jeito de governar.

Nas entrelinhas destes comentários iniciais, aparece uma forma de organização da sociedade representada pela constituição dos seus países e desmembrada em leis, normas e regulamentos. A ordenação jurídica de um Estado como nação tem como objetivo nortear o que é e o que não é certo no dia a dia dos seus cidadãos, enquanto seus líderes ou governantes têm o papel de fiscalizar e cobrar o correto cumprimento destes preceitos constitucionais.

A organização de um Estado ou nação orienta-se por princípios, mandamentos ou fundamentos que ajudam na avaliação ou no julgamento das suas questões sociais, jurídicas ou econômicas. A pressão por mudanças de todas as naturezas se faz presente na dinâmica deste processo organizador.

A partir do momento em que a organização da atividade comercial ou produtiva se tornou necessária, os empresários, comerciantes, administradores públicos e privados buscaram formas simples e objetivas de nortearem-se nas tomadas de decisão dos seus negócios. Um dos pontos de referência encontrados na busca destes fundamentos organizacionais vem da antiguidade e se dá pela analogia com o decálogo dos mandamentos da Lei de Deus.

Sabia-se que, desde a divulgação do profeta Moisés, os fundamentos das Tábuas de Lei deveriam ser seguidos pelos seus fiéis. Para praticar corretamente a sua fé, bastava não transgredir nenhum dos seus dez mandamentos.

Da antiguidade aos tempos modernos, a sociedade vem buscando uma forma de facilitar a organização bem-sucedida das suas atividades socioeconômicas. Bem-sucedidos foram Henri Fayol e Frederic Taylor como pioneiros da administração moderna no início do século XX. Desta forma, mais adiante, encontramo-nos no final da Segunda Guerra

Ser + com Qualidade Total

Mundial com o Japão devastado, literalmente sob as cinzas deste conflito bélico mundial. Em um esforço de cooperação para reconstruir este país, dois consultores americanos, Joseph Moses Juran e William Edwards Deming, aceitaram o convite para orientar os japoneses na implantação de um sistema estratégico nas suas organizações com foco na filosofia da qualidade.

Na consolidação deste trabalho, vale destacar alguns pontos que foram fundamentais para o sucesso e elevação do Japão a uma das maiores potências econômicas do mundo: o comprometimento do governo, dos empresários e da sociedade em geral. Sem isso, todo o excelente conhecimento levado por Deming e Juran não resultaria em nenhuma mudança positiva. Destacaram-se também os fundamentos básicos do programa: liderança dos empresários (corpo presente em todas as etapas propostas); treinamento maciço de todas as pessoas envolvidas; aperfeiçoamento dos resultados obtidos de forma contínua e inovadora e, por fim, a consolidação do Espírito de Equipe.

Juran, trabalhando melhor na interpretação da sua trilogia da qualidade, valorizou o planejamento da qualidade com foco nos clientes. Incluiu no controle da qualidade a absorção da tecnologia disponível, a efetiva capacitação dos profissionais envolvidos e preparo adequado das suas lideranças, o conceito de ética valorizando a pontualidade, o preço justo com a adequada análise da eliminação dos custos da não-qualidade; além de priorizar as ações com base na aplicação do diagrama de Pareto.

Deming, apesar de agraciado como matemático e estatístico, enfatizou de forma incansável o lado humano da qualidade. Os processos são executados por pessoas cujos objetivos são de atender às necessidades e expectativas de pessoas. Sem elas, qualquer atividade social ou econômica perde o seu sentido e o seu valor. Insistia muito na ideia de que um profissional deve ser contratado para ser uma solução e nunca um problema. O conflito capital x trabalho se dá pela vitória de um dos lados, quando todos não saem perdendo.

Além deles, outros especialistas tais como Philip Bayard Crosby, Kaoru Ishikawa, Armand Vallin Feigenbaum, Genishi Tagushi, Peter Ferdinand Drucker, dentre outros, deram contribuições relevantes para a consolidação dos fundamentos da filosofia da Qualidade.

De todas as contribuições até então comentadas, o Brasil entra nos anos 90 com a predisposição de dar um salto qualitativo nas suas atividades sociais e econômicas, tanto nas organizações públicas quanto privadas. Cria-se, então, o PBQP – Programa Brasileiro de Qualidade e Produtividade. Concomitantemente às suas atividades, surgem instituições que reforçam a importância da adoção dos princípios ou fundamentos da qualidade na gestão positiva das empresas.

O Sistema Sebrae propõe às micro e pequenas empresas brasileiras a adoção dos seus dez princípios básicos da qualidade, organizados a partir da prática bem-sucedida dos princípios de Juran, Deming, Crosby, entre outros. A Norma ISO 9000/2005 propõe a aplicação dos seus oito princípios da Qualidade. Entretanto, digna de mérito, a Fundação Nacional da Qualidade, que nasceu com a missão de administrar o Prêmio Nacional da Qualidade, divulga e dissemina os seus Fundamentos da Excelência como instrumentos de aplicação do seu Modelo de Excelência de Gestão® - MEG.

Tabela de aproximação entre os principais fundamentos e princípios da excelência da qualidade – Comparação Livre.

FNQ - 2010	SEBRAE - 1993	ISO 9000/2005
Pensamento Sistêmico		Abordagem Sistêmica da Gestão
Aprendizagem Organizacional	Gerência Participativa	
Cultura da Inovação	Aperfeiçoamento Contínuo	
Liderança e Constância de Propósitos	Constância de Propósitos	Liderança
Orientação por Processos e Informações	Gerência de Processos	Fatos e Dados para Tomada de Decisão
Visão de Futuro		
Geração de Valor	Garantia da Qualidade	Melhoria Contínua
Valorização das Pessoas	Desenvolvimento dos Recursos Humanos	Envolvimento das Pessoas
Conhecimento sobre o Cliente e o Mercado	Total Satisfação dos Clientes	Foco nos Clientes
Desenvolvimento de Parcerias	Delegação	Benefícios Mútuos Junto aos Fornecedores
Responsabilidade Social	Disseminação de Informações	
	Não Aceitação de Erros	

Hoje, na construção de um compromisso com a qualidade, as empresas definem as suas políticas de gestão tendo como base alguns princípios ou fundamentos da Qualidade.

A linha de raciocínio mais adotada para se definir uma política da qualidade, que possa ser praticada através dos seus objetivos mensuráveis, com os indicadores de desempenho destes objetivos face às metas propostas, deve contemplar as partes mais interessadas naquela organização, ou seja, a valorização eficaz dos produtos e serviços com foco nas necessidades dos clientes, valorização dos colaboradores pela

Ser + com Qualidade Total

liderança de vanguarda dos gestores organizacionais, valorização de parcerias éticas numa relação ganha-ganha com os seus fornecedores e fortalecimento da cultura organizacional em favor da melhoria contínua e da inovação.

Um modelo de gestão empresarial baseado nestes fundamentos da excelência tem permitido a muitas empresas brasileiras bem-sucedidas uma ferramenta gerencial e estratégica poderosa. As decisões atendem ou respeitam estes fundamentos? Em caso positivo, recebem a aprovação adequada. Em caso negativo, são reprovadas ou modificadas em favor destes fundamentos ou valores preconizados pela organização.

Este artigo sobre os fundamentos da excelência foca alguns caminhos primordiais na busca da competitividade e sustentabilidade no mundo dos negócios, propondo-se a insistir numa reflexão estratégica e visionária sobre a responsabilidade social dos empresários. "Nenhuma atividade da sociedade humana sobrevive sem base econômica", vale lembrar.

Pois bem, os recursos financeiros necessários a todas as atividades desenvolvidas pelas autoridades da administração pública e institucional são oriundos das atividades empresariais. Estas empresas, geradoras de empregos, produtos e serviços, são responsáveis pela excelência ou não da força econômica e social de uma nação. Não ter consciência desta responsabilidade é negar a aplicação dos fundamentos da excelência em relação à visão de futuro e ao pensamento sistêmico.

Aos leitores e empresários interessados em avaliar o estado atual de excelência de gestão da sua empresa, como sugestão, podem inscrever-se como candidatos ao Prêmio de Competitividade para as Micro e Pequenas Empresas do Sebrae. Este prêmio está voltado a valorizar e premiar as empresas de pequeno porte.

Os candidatos deverão preencher um questionário de autoavaliação, com questões orientadas pelos fundamentos básicos da excelência em gestão. Todos os candidatos receberão da instituição, sem qualquer custo, um relatório com o diagnóstico do estado de gestão atual da sua empresa. Este prêmio é editado todos os anos. Para mais detalhes, acesse premiompe.sebrae.com.br.

Para aquelas empresas que não se enquadram nas características do Prêmio MPE do Sebrae, recomendo a consulta a outras instituições que têm o propósito de apoiar as empresas que buscam a excelência do seu modelo de gestão. São elas:

Fundação Nacional da Qualidade (fnq.org.br); Instituto Paulista de Excelência da Gestão (ppqg.org.br); Programa Mineiro de Qualidade e Produtividade (pmpq.org.br); Programa Gaúcho de Qualidade e Produtividade (mbc.org/mbc/pgqp); além de instituições de outros 14 Estados brasileiros que têm o mesmo propósito de apoiar as empresas brasileiras na busca da excelência de gestão.

José Humberto da Rocha

Engenheiro industrial mecânico. Especializado em Administração da Produção e Sistemas de Garantia da Qualidade. Pós-graduado em Gerenciamento de Sistemas Industriais. Experiência industrial em produção, manutenção, planejamento e controle da qualidade nos 25 anos de vivência em usinas siderúrgicas. Ex-gerente de projetos para a qualidade do Sebrae-SP. Instrutor e consultor com experiência na implementação de programas de Gestão da Qualidade; Gestão industrial; Planejamento e Liderança Estratégica. Experiência em P&D de produtos e soluções educacionais de capacitação gerencial e empresarial; Cultura Empresarial, Visão de Negócio, Liderança e Competitividade. É consultor técnico e sócio-gerente da Quanas Sistemas Organizacionais e Humanística Ltda. em São Paulo – SP.

Site: www.quanas.com.br
E-mail: humberto@quanas.com.br
Telefone: (11) 9188-0847

Anotações

7

Gestão de Objetivos e Metas com foco no desdobramento e gerenciamento do dia a dia

Este artigo tem por intenção apresentar um modelo de gerenciamento de objetivos e metas, bem como o seu desdobramento dentro das organizações, tendo como enfoque a comunicação de forma clara e simples a todos os níveis da organização e a *disciplina* diária dos envolvidos para gerenciamento das metas e objetivos definidos

David Souza

Ser + com Qualidade Total

David Souza

Sempre que um ano se inicia, nós, como milhares de pessoas no mundo, renovamos ou definimos novos objetivos e metas que desejamos alcançar neste novo período de nossas vidas. É muito comum estabelecermos o início de um ano calendário como marco inicial para novos desafios.

É muito bom quando, de fato, definimos metas e objetivos para nossas realizações pessoais. O equívoco está em acreditar que apenas traçá-los seja suficiente para alcançá-los. Existem ações de grande relevância que devem ser levadas em consideração com o intuito de evitar ou, pelo menos, minimizar possíveis fracassos na consolidação de nossos projetos.

Mas quais são os problemas que desafiam pessoas e organizações na conquista de suas metas e objetivos?

Normalmente, as metas e objetivos não são mensuráveis; não existe definição de prazos para alcançá-los; não são definidas formas de monitoramento e, quando os resultados não são alcançados, não existe um plano de ação corretiva definido. Certamente, a falta destas ações contribuem para a não obtenção dos objetivos e metas.

O primeiro passo ao encontro do gerenciamento de objetivos e metas é não esquecer que um objetivo maior deve, necessariamente, desdobrar-se em outros objetivos menores, até que, ao menor nível de desdobramento, seja possível galgar os primeiros passos em direção ao objetivo maior. Como exemplo, vamos citar o caso de um personagem: Fernanda tem como objetivo para este ano a compra de um carro novo – o sonho de milhares de pessoas. Este objetivo desdobra-se em outro, que é acumular uma quantia de R$50 mil em um período de 12 meses. Nesse momento, encontramos um prazo (meta). Para isso, ela precisa poupar R$2 mil por mês (objetivo e meta mensal); adicionado a estes, ela necessita vender o seu veículo usado no mesmo período de 12 meses, tendo como meta arrecadar R$26 mil com a venda do veículo, concluindo assim o seu objetivo maior que é a compra do carro novo.

Observamos no exemplo que a consolidação de um objetivo maior (a compra de um carro) passa pela conquista de diversos outros objetivos menores. Seria possível desdobrar ainda mais este objetivo em outros de menor proporção, chegando a metas diárias de economia de recursos. Assim, concluímos que para conquistarmos o "todo" (objetivo maior) devemos, em primeiro lugar, conquistar os micro-objetivos, aqueles que fazem a composição do objetivo principal. E é justamente para a *disciplina* da gestão do dia a dia que gostaria de chamar a atenção do leitor.

Na maioria das organizações não é diferente. Todos os anos, seja em seu início ou final, a alta e média gerência se reúnem para definição e/ou revisão do planejamento estratégico da organização. Por planejamento estratégico podemos entender que é o processo contínuo e sistêmico de tomada de decisões sobre os resultados futuros da organização, visando definir como esses resultados serão atingidos, bem como a sua medição e avaliação de progresso.

Com o planejamento estratégico elaborado e validado, as organizações devem desdobrar estas diretrizes por todos os níveis da empresa, e é neste ponto que muitas organizações fracassam, pois os objetivos e metas não chegam a todos os níveis da estrutura hierárquica, diferentemente do modelo[1] onde os objetivos são compartilhados em todos os níveis.

Muitas organizações utilizam o método do *Balanced Scorecard*, criado pelos professores Kaplan e Norton, ou o método de gerenciamento por diretrizes do professor Vicente Falconi, para desdobrar suas estratégias para todos os níveis da organização.

Não podemos esquecer que nas organizações que possuem um sistema de gestão da qualidade fundamentado em normas, em especial a NBR ISO 9001 e a ISO TS 16949, onde os requisitos normativos exigem que sejam estabelecidos objetivos e metas da qualidade nas funções e níveis pertinentes da organização, eles devem ser mensuráveis e coerentes com a política de qualidade da organização.

Independentemente dos requisitos normativos, sempre encontramos dificuldades no desdobramento de nossos objetivos e metas, sejam eles pessoais ou profissionais. Por que isso acontece? Por que nós não definimos ou adotamos um modelo de gerenciamento e desdobramento? Lembrando de nosso exemplo da compra de um carro, onde o personagem deve gerenciar as metas mensais com o intuito de alcançar uma meta final, o que, caso não seja gerido, pode impedir de alcançar o seu objetivo final.

O grande segredo chama-se *DISCIPLINA*. É isso mesmo. O que falta nas pessoas e nas organizações para alcançar suas metas e objetivos é *disciplina*. Podemos encontrá-la na cultura oriental e até mesmo a *disciplina* da guerra, vista no livro *A Arte da Guerra*, de Sun Tzu, fundamentada em técnicas militares.

Chamamos atenção para a *disciplina* da gestão do dia a dia.

Como contribuição ao leitor diante das dificuldades apontadas, veremos a seguir um modelo de desdobramento e gerenciamento de objetivos e metas com o gerenciamento do dia a dia no último nível deste desdobramento.

Considerando que o planejamento estratégico da organização já esteja elaborado, podemos desdobrá-lo por toda a organização

---

[1] Verificar modelo no site: www.criacorp.com.br

através de uma figura no formato de pirâmide[2]. Esta figura permite que todos os níveis da organização conheçam quais são seus objetivos e metas e como eles se desdobram para os processos da mesma. Descendo os degraus da pirâmide, as estratégias são convertidas em objetivos e metas estratégicas. Mais um nível abaixo podemos alinhar as metas e os objetivos estratégicos com a política da qualidade da empresa.

Descendo nos degraus de nossa pirâmide, objetivos e metas desdobram-se para os processos da organização e, como sustentação da pirâmide, na base definimos os indicadores e suas devidas metas. Estes indicadores são classificados em quatro perspectivas: processos, pessoas, cliente e financeiro.

Em virtude da necessidade de cada organização, nossa pirâmide pode ser desdobrada em outras pirâmides menores até que todos os processos e subprocessos sejam envolvidos.

Lembramos que a apresentação do desdobramento de objetivos e metas deve estar exposta no posto de trabalho, em destaque, através de banners, painéis, quadros e outras formas. Algumas organizações definem um local específico para exposição dos mesmos, a fim de facilitar a visualização por todos os envolvidos. Não podemos esquecer que esta exposição deve estar em um formato de fácil compreensão pelos colaboradores do dito chão de fábrica, visto que algumas organizações colocam termos de difícil compreensão.

Passando pela tarefa de exposição dos objetivos e metas, cabe a cada gestor gerenciá-los diariamente.

Para facilitar nosso entendimento sobre o gerenciamento do dia a dia, vejamos o exemplo de Daniel, gerente de produção de uma pequena indústria de autopeças, e a supervisora da célula XYZ, Mariana. Os dois, juntamente com sua equipe, conhecem perfeitamente os seus objetivos e metas mensais, semanais, diárias e, em alguns casos, horárias.

Daniel tem como sua primeira atividade do dia passar por todas as células da fábrica cumprimentado os funcionários e observando os quadros de gestão à vista, para verificar se as metas de produção do dia anterior foram alcançadas. Quando o objetivo não é atendido, ele analisa o relatório que fica afixado no quadro de gestão, verificando a causa raiz do não atendimento e seu devido plano de ação, para que o resultado não se repita no dia seguinte. Observamos aqui a *disciplina* de Daniel em avaliar todos os dias os resultados dos objetivos e metas estabelecidos.

Mariana possui a mesma *disciplina* de Daniel em relação à gestão das metas e objetivos diários. Ela, juntamente com os seus líderes,

[2]Verificar pirâmide no site: www.criacorp.com.br

acompanha as metas horárias de produção que são apontadas por seus operadores. Cabe a Mariana o preenchimento e monitoramento dos planos de ações (os mesmos avaliado por Daniel) quando os resultados não são atendidos.

Observamos em nosso pequeno caso que a *disciplina* na gestão dos objetivos e metas faz com que eles sejam alcançados naquele nível da estrutura hierárquica, contribuindo assim para que os objetivos e metas dos demais níveis da organização também sejam atendidos. Como vimos na questão da pirâmide, os objetivos e metas estratégicos se desdobram por todos os níveis da organização e os resultados retroalimentam esse sistema.

Este é apenas um modelo a ser seguido pelos leitores no desdobramento de seus objetivos e metas, sejam pessoais ou profissionais, e o gerenciamento destes no dia a dia. Cabe lembrar que a chave para o sucesso deste e de outros modelos é a *disciplina* diária para a gestão dos objetivos e metas.

David Souza

Formado em Administração de Empresas, pós-graduado em Qualidade e Produtividade pela Escola Politécnica da USP e mestrando em Engenharia de Produção pela Unimep. Experiência de 27 anos na indústria passando pelos setores de máquinas, equipamentos, autopeças e insumos. Atuando nas áreas de produção, qualidade, recursos humanos, engenharia de processos e manutenção, ocupando em cargos operacionais, coordenação, supervisão e gerência. Especialista na implementação de normas automotivas (ISO TS 16949) e requisitos específicos do setor automotivo. Atualmente é professor universitário no curso de Administração de Empresas e consultor nas áreas de qualidade, produção, meio ambiente, recursos humanos e gestão estratégica.

Sites: www.criacorp.com.br; www.sesconsultoria.com.br
E-mails: ecoquality@terra.com.br, dnzsouza@terra.com.br

Anotações

8

O planejamento como essência

Uma forma de pensar que traz o planejamento para a rotina e impulsiona pessoas e organizações em busca da excelência

Laura Núbia Penquis de Abreu

Ser + com Qualidade Total

Laura Núbia Penquis de Abreu

O mundo mudou e com ele a forma como as empresas lutam pela sobrevivência também. A concorrência se tornou mundial e não bastava mais ter um bom produto, as empresas precisaram buscar a excelência, atendimento que surpreendesse o cliente, mínimo de defeito e máximo de produtividade. Em resumo, as empresas passaram a buscar resultados e, consequentemente, as melhores práticas de gerenciamento.

O gerenciamento acontece por meio das pessoas. Foi esta a máxima que impulsionou as transformações nas organizações. Não apenas como agente, mas também como efeito das transformações, o perfil exigido dos profissionais foi evoluindo.

As eras organizacionais e a Qualidade Total evoluíram em proporção à atenção que as empresas passaram a dar para seus funcionários. Vivemos hoje na era da informação, que marca a fase da Gestão Estratégica da Qualidade, iniciada nos anos 70 e caracterizada por um sistema que auxilia na sobrevivência das empresas e também tem como uma de suas primícias fazer com que os colaboradores sejam donos do seu próprio negócio, seja este uma seção, um processo ou até mesmo uma tarefa. Empresas de sucesso no Brasil e no mundo têm buscado na Gestão Estratégica da Qualidade o segredo da sobrevivência.

Como consequência desta evolução de conceito e de gestão, as empresas precisaram buscar alternativas para ter o melhor capital, ou seja, precisavam não apenas contratar uma boa mão de obra, mas também manter em seu time os melhores.

Sendo este o grande desafio das empresas neste cenário, o desafio do bom profissional é ser o melhor profissional, aquele que as empresas lutam para manter em seu time.

Muito se questiona a razão de algumas pessoas apresentarem um crescimento profissional mais rápido do que outras. Este questionamento aumenta quando observamos a capacidade que alguns têm de resolver problemas, a facilidade de outros em conduzir uma equipe, organizar eventos ou conseguir o consenso numa discussão.

Mesmo sem conhecer os conceitos de Qualidade Total, algumas pessoas transformam seu ambiente de trabalho em organizações excelentes, seja o diretor de uma multinacional, o balconista de um mercado, o encanador que conserta os vazamentos ou o "tio" que vende cachorro-quente na esquina do nosso trabalho.

Qualidade Total é uma forma de pensar e esta é comum às pessoas de sucesso. Para ser mais com Qualidade Total é preciso ter o planejamento como essência.

Uma das bases da excelência está na prática do planejamento, mais precisamente em se viver o planejamento na essência.

Ter um raciocínio voltado para o planejamento traz diversos benefícios, sejam eles nos âmbitos profissionais, pessoais ou financeiros.

Benefícios da Essência do Planejamento:
- Segurança para a tomada de decisões;
- Facilidade de entendimento de informações e de processos;

Ser + com Qualidade Total

- Habilidade de organizar conhecimentos e pensamentos;
- Habilidade para a divisão de tarefas e de metas;
- Eliminação de erros e redução de anomalias (solucionadores de problemas);
- Processos e resultados controlados;
- Administração do tempo;
- Habilidade em visualizar as circunstâncias como um todo (Visão Sistêmica);
- Facilidade ao assumir novos desafios e executar novas tarefas;
- Organização pessoal;

Como explicar o fato de haver pessoas que, em circunstâncias semelhantes, ao longo de um tempo exibem suas conquistas financeiras, enquanto outras chegam à beira de um colapso financeiro? Ou, como explicar o fato de que certos profissionais passam de simples cobradores a diretores em um curto espaço de tempo, enquanto outros têm dificuldade em organizar sua rotina? Como explicar, então, a habilidade gerencial que parece ser nata a alguns profissionais, sejam eles estudiosos da Gestão Estratégica da Qualidade ou empreendedores autônomos?

A diferença entre estes profissionais está na assimilação do planejamento. Existem pessoas que, mesmo não conhecendo os conceitos de Qualidade Total, já possuem o pensamento voltado para o planejamento (Método PDCA).

Em nosso dia a dia estamos constantemente realizando atividades, seja no trabalho ou na vida pessoal. Estas atividades, em sua grande maioria, são ou poderiam ser frutos de um planejamento.

Planejamento é o pensar do agir, é o desenho prévio do que precisa, de fato, ser realizado para que os objetivos sejam atingidos, é a definição das ações que precisam ser tomadas. Planejar nada mais é do que definir o caminho a ser seguido para um alvo, considerando os percalços do meio do caminho.

Uma pessoa que tem a habilidade de planejar é destaque frente às outras. Uma mente que tem a capacidade de organizar os seus pensamentos automaticamente na sequência ALVO PLANEJAMENTO AÇÕES RESULTADOS vale por muitas outras que tomam ações desenfreadas.

Ter a essência do planejamento é ter o Método PDCA incorporado em sua rotina.

É uma forma de pensar que facilita o entendimento dos processos e faz com que a pessoa organize o seu raciocínio partindo do alvo e em prol do alvo a ser atingido.

O pensamento que é voltado para o Método PDCA consegue sua aplicação prática de forma natural em toda e qualquer atividade.

Referência nacional em Qualidade Total, o Prof. Dr. Falconi, em seu livro TQC – Controle da Qualidade Total (no estilo japonês) ensina o Ciclo PDCA como o método para se manter ou aprimorar resultados. Composto por quatro fases básicas, *PLAN* (planejar), *DO* (agir), *CHECK* (verificar) e *ACTION* (agir corretivamente), o Método PDCA é o caminho para se melhorar a rotina e conquistar organizações excelentes. Este caminho deve ser entendido e praticado por todos dentro das organizações. Por meio dele, os resultados são alcançados e cada vez mais problemas são resolvidos.

Laura Núbia Penquis de Abreu

Ter a essência do planejamento é ter uma forma de pensar voltada para o Método PDCA, isto significa dizer que devemos primeiro PLANEJAR o que precisa ser feito, EXECUTAR o que se propôs, VERIFICAR se os resultados estão sendo alcançados e, por fim, AGIR CORRETIVAMENTE em caso de falhas.

Na teoria pode parecer uma sequência um tanto quanto burocrática, mas quando isto é idealizado e faz parte da pessoa, como uma habilidade, pode parecer mais simples do que realmente é.

Vejamos, se você:
• É novo na empresa e iniciou seu trabalho procurando conhecer seus produtos e serviços;
• Mudou de setor e o primeiro passo foi entender a sequência das tarefas que você precisará desempenhar (fluxograma);
• Antes de iniciar no mercado como autônomo, fez uma pesquisa para identificar o que as pessoas buscam;
• Descreve as etapas que precisam ser seguidas de uma tarefa importante;
• Ao se deparar com um problema, elimina seus efeitos e depois dedica sua atenção para descobrir o que fazer para que o mesmo não volte a acontecer;
• Quando vai ao supermercado, não abre mão da lista de compras;
• Planeja-se para realizar um investimento, como, por exemplo, uma viagem, uma aquisição ou uma reforma;
• Inicia sua consultoria perguntando ao cliente qual é o objetivo dele.

Respondendo positivamente a essa linha de procedimentos, é bem certo que o planejamento já se tornou uma forma de pensar em sua vida. Estas atividades rotineiras são capazes de demonstrar nosso grau de sintonia com o planejamento.

Para desenvolver uma forma de pensar baseada no planejamento, siga as seguintes etapas:

1. Defina o alvo

Conhecer o objetivo é o primeiro passo para o bom andamento de uma atividade. Defina o seu alvo, que pode ser um sonho, uma tarefa ou projeto. Saiba o objetivo, o real motivo do que precisa ser feito.

Sem um propósito definido, o alvo é incerto e tudo fica à mercê das circunstâncias, onde as decisões baseadas no "eu acho" entram em cena.

2. Entenda o seu alvo

Esta fase é definida pela metodologia como Análise. A resposta a algumas perguntas podem te auxiliar nesta etapa. Por exemplo: o que impacta sobre meu alvo? Quem está envolvido? Qual objetivo eu preciso atingir? Existe alguma restrição? Qual ponto impactante não pode ser esquecido?

3. Monte o seu planejamento

O planejamento diz respeito aos passos que precisam ser seguidos para atingir o alvo. Nesta etapa devemos listar todas as tarefas que precisam ser executadas. Perguntas poderosas também nos ajudam nesta fase importante: o que precisa ser feito? Quem vai fazer? Em quanto tempo? Quando deverá ser feito? Quem deve estar envolvido? Quem

Ser + com Qualidade Total

são os responsáveis? Quanto custa?
4. Acompanhe a execução
Um planejamento eficiente é aquele que tira as ações dos sonhos e as executa.
5. Colha os Resultados
Esta etapa consiste em verificar se o seu alvo foi atingido. Uma forma de pensar voltada para o planejamento elimina falhas e garante o sucesso das tarefas.

Nem sempre as grandes ações é que fazem a diferença em um planejamento. São os detalhes que garantem o bom resultado. O tempo investido no planejamento é transformado em sucesso.

Princípios da Essência do Planejamento:
• A essência do planejamento é uma forma de pensar. Incorporar o planejamento significa organizar seus pensamentos na sequência: Conhecer o alvo, planejar, agir e colher resultados;
• O planejamento é um exercício de prática e rotina: quanto mais elaboramos um plano, mais nos tornamos aptos a planejar;
• Um planejamento pode e deve ser revisado constantemente: o mundo muda e com ele as organizações, os projetos e nossos sonhos. Se for preciso, revise e mude;
• A análise da situação atual é a espinha dorsal do planejamento: decisões baseadas em opiniões sem fundamento podem colocar em risco o alvo a ser atingido;
• Um plano é fruto do trabalho em equipe: envolva todas as pessoas que estão ligadas ao objeto do planejamento, principalmente aqueles que têm um grau de responsabilidade envolvida;
• Planejamento requer ação: planos idealizados e sem ação nos remetem a sonhos frustrados.

Para conquistar a excelência em projetos pessoais também é imprescindível ter a Qualidade Total como uma forma de pensar ou, melhor dizendo, é imprescindível ter a Essência do Planejamento. E é isto que acontece com as pessoas de sucesso. Mesmo sem perceber elas praticam o planejamento na rotina.

De uma forma natural, o Alvo a ser alcançado é idealizado. Com o alvo já traçado, torna-se muito mais fácil identificar o que precisa ser feito para alcançá-lo, ou seja, se sabemos onde queremos chegar, o caminho deve ser específico. Assim, o próximo passo está em Montar o planejamento, ou seja, descrever o que precisa ser feito para atingir sua meta. Em seguida, Observe se o seu alvo está próximo e se o seu planejamento está sendo seguido. Por fim, é hora de colher os Resultados.

Esta forma de pensar descreve a Essência do Planejamento.
Que você seja cada vez Mais! Sucesso e bom planejamento!

Referências
Campos, Vicente Falconi. TQC – Controle da Qualidade Total (no estilo japonês). 2ª edição. Nova Lima-MG: INDG – Tecnologia e Serviços Ltda, 2004.

Laura Núbia Penquis de Abreu

Graduada em Administração de Empresas, com MBA em Gestão de Pessoas e Formação Internacional em *Coach* Pessoal e Executivo pela Sociedade Latino Americana de *Coaching* (SLAC). Exerce há seis anos o cargo de Coordenadora de Qualidade Total em uma multinacional, com experiência no desenvolvimento e na implantação de Sistemas de Gestão. Atua como *Coach* Executiva de lideranças nos níveis de gerência e supervisão. Ministra palestras, cursos e treinamentos.

E-mail: laura-nubia@hotmail.com

Anotações

9

KAIZEN - A prática do sucesso

Kaizen é uma filosofia cujos conceitos, quando aplicados na prática, tornam excelentes o atendimento ao cliente, eliminam desperdícios em quaisquer trabalhos e transformam a cultura da organização para a lucratividade

Claudiney Fullmann

Ser + com Qualidade Total

Claudiney Fullmann

Seu símbolo 改善 *KAI* (mudança) + *ZEN* (bom) significa melhoria. Seu criador, Masaaki Imai, esteve comigo no Brasil, onde fizemos um ciclo de palestras apresentando a "Cultura de Progresso para levar o pensamento para todo o organismo, da cabeça aos pés".

O **Kaizen** praticado pelas pessoas é uma maneira de fazer o futuro chegar mais cedo, de inventá-lo para a organização da forma que se deseja. O processo *Kaizen* incentiva a definição de padrões mais altos de desempenho para fixar novas metas em termos de satisfação do cliente, vendas e lucro. Ele busca um melhoramento progressivo e sustentável. Por princípio, é a maneira de pensar e agir por meio de aprimoramento nos produtos e processos destinados a aumentar a satisfação do cliente e a lucratividade da empresa.

Não é revolucionário, mas sim **evolucionário**, partindo de um inconformismo com o *status quo*, com modificações pequenas e incrementais, sem traumas.

As pessoas têm o desejo de melhorar seu trabalho, seus relacionamentos e suas vidas. Ao mesmo tempo, a administração busca novas ideias e práticas para concorrer em um mercado global. Uma convergência que busca o aprimoramento contínuo e gradual.

Enquanto a **inovação** requer grandes passos com avanço tecnológico e altos investimentos, pois é "orientada por resultado" e adequada para momentos de rápido crescimento da economia, o *Kaizen* busca pequenos passos, utilizando-se de *know-how* convencional e esforços de raciocínio, pois é "orientado por processo" e "adequado para lento crescimento da economia".

Como me dizia Mr. Imai, "inovação é importante, mas precisa de muito dinheiro investido em equipamentos e sistemas. Entretanto, se você não tem dinheiro, use seu cérebro; se você não tem cérebro, sue bastante"! O recado é: faça melhor uso daquilo que já tem!

No *Kaizen*, parte-se do critério do padrão, buscando apoiar e estimular os esforços de melhoramento com foco no **processo**, visando o *dantotsu better* (um pouco melhor). Na Inovação, parte-se do **resultado** esperado, procurando controlar rigidamente o desempenho, onde o que conta é o resultado final visando o *by far better* (muito melhor).

Na página 351 do livro *O Trabalho – Mais Resultado com Menos Esforço/Custo,* encontra-se uma cena inesquecível:

Dois altos executivos, um americano e um japonês, resolveram fazer uma caçada na África. Muito bem paramentados e municiados, esbanjaram tiros para todos os lados. De repente, aparece um leão faminto e os dois caçadores estavam sem munição. O japonês

Ser + com Qualidade Total

sentou-se em uma pedra, tirou de sua mochila um par de tênis e começou a trocar suas botas.

O americano, aturdido, pergunta:
– O que você vai fazer?
– *Vô colê*, diz o japonês com naturalidade.
– Você está louco por acreditar que vamos correr mais do que o leão, retruca o americano.

Ao que o japonês responde:
– Não *quelo colê* mais que o leão; só *quelo* estar um passo na sua *flente*...!

O ideal, quando se tem recursos financeiros, é promover uma inovação para definir um novo padrão de referência e continuar aprimorando esse padrão com *Kaizen*.

Uma boa prática é o Método *Kaizen* de questionamento, com cinco "porquês" para cada resposta recebida. Por exemplo:
• O que estamos fazendo que está deixando os clientes insatisfeitos?
– Porque entregamos com atraso.
– Por que entregamos com atraso?
– Porque a máquina vive quebrando.
– Por que a máquina vive quebrando?
– Porque as peças de reposição são de má qualidade.
– Por que as peças de reposição são de má qualidade?
– Porque estamos comprando de um fornecedor mais barato.

A causa verdadeira nem sempre vem com a primeira resposta.
Para aplicar *Kaizen*, convém seguir os princípios:
1 Dar ênfase aos clientes, tanto externos quanto internos;
2 Promover aprimoramentos contínuos;
3 Reconhecer os problemas abertamente;
4 Promover a abertura;
5 Criar equipes de trabalho;
6 Gerenciar projetos por intermédio de equipes multifuncionais;
7 Nutrir o processo de relacionamento correto com assertividade;
8 Desenvolver a autodisciplina;
9 Informar todos os empregados;
10 Capacitar todos os empregados.

A energia, o comprometimento e o esforço são conseguidos com uma liderança *Kaizen* preocupada com o "como" e não com "o que" produz para manter o processo correto. Isso depende de um líder *coach*, comunicador, instrutor e motivador, que compartilhe com sua equipe:

- Valores compatíveis;
- Visão, missão e metas iguais;
- Respeito, confiança e lealdade mútuos;
- Conhecimentos e habilidades;
- Sentimento de propriedade coletiva;
- Crença na força da equipe.

Lembre-se de que **reuniões** de *Kaizen* são partes inseparáveis do processo de trabalho. Justificáveis financeiramente, elas promovem identidade, ajudam a programar e alocar recursos, estimulam sugestões para melhorias de padrões de desempenho e servem como veículo de comunicação com o líder. Cada equipe *Kaizen* precisa de meia hora no início de um turno, em locais apropriados.

Uma pessoa *Kaizen* é completa, com sentimento de comunidade dentro da empresa, combinando os aspectos positivos do individualismo com as vantagens do trabalho em equipe. Ela pode ser capacitada a ter atributos comportamentais úteis, tais quais:

- Atenção aos detalhes;
- Postura de visão à frente;
- Boa receptividade a conselhos construtivos;
- Disposição para assumir responsabilidades;
- Orgulho de seu trabalho e de sua organização;
- Disposição para cooperar.

Uma abordagem *Kaizen* deve permear toda a organização, fazer parte de sua missão corporativa, ser sustentada pela alta administração e ser refletida nas atitudes dos empregados. Ela exige participação em um nível pessoal mais profundo do que somente um sorriso e um "obrigado" esfuziante.

Ser + com Qualidade Total

Claudiney Fullmann

Consultor em Estratégias Empresariais, palestrante e mentor de executivos. Engenheiro industrial formado pela FEI, pós-graduado no BTE de Paris, especializado na Europa, nos Estados Unidos e no Japão em Qualidade, Produtividade e Desenvolvimento de Executivos. Atualmente é consultor de empresas, mentor e *coach* de executivos, professor de MBA da FACCAMP e articulista de diversas publicações sobre liderança, produtividade, gestão empresarial e organização. É autor do livro "O Trabalho – Mais Resultado com Menos Esforço/Custo".

E-mail: fullmann@aeducator.com.br
Site: www.fullmann.com.br

Anotações

10

Programa 5S:
por que implementar

Conheça a ferramenta que há décadas vem mudando o modo das empresas e funcionários agirem, pensarem e crescerem no seu dia a dia

José Carlos Bonfim

Ser + com Qualidade Total

José Carlos Bonfim

Qualidade Total é uma técnica de administração multidisciplinar formada por um conjunto de programas, ferramentas e métodos aplicados no controle do processo de produção das empresas, para obter bens e serviços pelo menor custo e melhor qualidade, objetivando atender às exigências e à satisfação dos clientes.

Os princípios da Qualidade Total estão fundamentados na Administração Científica de Frederick Taylor (1856-1915), no Controle Estatístico de Processos de Walter A. Shewhart (1891-1967) e na Administração por Objetivos de Peter Drucker (1909-2005).

Seus primeiros movimentos surgiram e foram consolidados no Japão após o fim da II Guerra Mundial com os Círculos de Controle da Qualidade, sendo difundidos nos países ocidentais a partir da década de 1970.

O 5S

O 5S é uma ferramenta de trabalho que permite desenvolver um planejamento sistemático de classificação, ordem, limpeza, permitindo assim de imediato maior produtividade, segurança, clima organizacional, motivação dos funcionários e consequente melhoria da competitividade organizacional.

Os propósitos da metodologia 5S são de melhorar a eficiência por meio da destinação adequada de materiais (separar o que é necessário do desnecessário), organização, limpeza e identificação de materiais e espaços e a manutenção e melhoria do próprio 5S.

Os principais benefícios da metodologia 5S são:
1. Maior produtividade pela redução da perda de tempo na procura por objetos. Só ficam no ambiente os objetos necessários e ao alcance da mão.
2. Redução de despesas e melhor aproveitamento de materiais. A acumulação excessiva de materiais tende à degeneração.
3. Melhoria da qualidade de produtos e serviços.
4. Menos acidentes do trabalho.
5. Maior satisfação das pessoas com o trabalho.

Os 5 S's são:
• *Seiri* (整理): senso de utilização. Refere-se à prática de verificar todas as ferramentas, materiais etc. na área de trabalho e manter somente os itens essenciais para o trabalho que está sendo realizado. Tudo mais é guardado ou descartado. Este processo conduz a uma diminuição dos obstáculos e à produtividade do trabalho.
Significado das palavras:
Seiri - DESCARTE: separar o necessário do desnecessário
• *Seiton* (整頓): senso de ordenação. Enfoca a necessidade de um espaço organizado. A organização, neste sentido, refere-se à disposição das ferramentas e equipamentos em uma ordem que permita o fluxo do trabalho. Ferramentas e equipamentos deverão ser deixados nos lugares onde serão posteriormente usados. O processo deve ser feito de forma a eliminar os movimentos desnecessários.
Significado das palavras:
Seiton - ARRUMAÇÃO: colocar cada coisa em seu devido lugar

Ser + com Qualidade Total

• *Seisō* (清掃): senso de limpeza. Designa a necessidade de manter o mais limpo possível o espaço de trabalho. A limpeza, nas empresas japonesas, é uma atividade diária. Ao fim de cada dia de trabalho, o ambiente é limpo e tudo é recolocado em seus lugares, tornando fácil saber o que vai onde, e também saber onde está aquilo o que é essencial. O foco deste procedimento é lembrar que a limpeza deve ser parte do trabalho diário, e não uma mera atividade ocasional quando os objetos estão muito desordenados.
Significado das palavras:
Seiso - LIMPEZA: limpar e cuidar do ambiente de trabalho

• *Seiketsu* (清潔): senso de higiene. Em japonês, *Seiketsu* traduz-se por higiene, no sentido filosófico de "higienismo", ou seja, no sentido do cuidado da higiene própria em todos os níveis, diferenciando-se, assim, de Seiso. Muitos têm confundido este senso com normalização, mas normalização é um conceito que pertence ao modelo qualidade, em especial de ISO e outras certificações. Estes modelos de normalização são posteriores ao Programa 5S. Por isso, o 5S é considerado o primórdio dos Programas de Qualidade.
Significado das palavras:
Seiketsu - SAÚDE: tornar saudável o ambiente de trabalho

• *Shitsuke* (躾): senso de autodisciplina. Refere-se à manutenção e revisão dos padrões. Uma vez que os 4S's anteriores tenham sido estabelecidos, transformam-se numa nova maneira de trabalhar, não permitindo um regresso às antigas práticas. Entretanto, quando surge uma nova melhoria, ou uma nova ferramenta de trabalho, ou a decisão de implantação de novas práticas, pode ser aconselhável a revisão dos quatro princípios anteriores.
Significado das palavras:
Shitsuke - DISCIPLINA: rotinizar e padronizar a aplicação dos "S" anteriores

Relação com outros conceitos e métodos
Em geral, o 5S é usado com outros conceitos, tais como SMED, TPM, e *Just in Time*.
Isto é um dos princípios fundamentais do SMED (**Single Minute Exchange of Die** ou **SMED** - ou em tradução aproximada, "troca rápida de ferramentas" - é um método elaborado inicialmente nos anos 60 por Shigeo Shingo. É empregado na indústria para reduzir o tempo de preparação de máquinas, equipamentos e linhas de produção. Isso é conseguido por meio da otimização do processo de reconfiguração das ferramentas e dispositivos de fixação de materiais.);

• Isso, por sua vez, catalisa a produção, sobre o aspecto de Perdas TPM (**Total Productive Maintenance** - em português, Manutenção Produtiva Total) - um sistema desenvolvido no Japão a fim de eliminar perdas, reduzir paradas, garantir a qualidade e diminuir custos nas empresas com processos contínuos. A sigla TPM foi registrada pelo JIPM ("Instituto Japonês de Manutenção de Planta"). A letra "T", de "Total", significa o envolvimento de todos os empregados. O propósito do TPM é atingir o menor número possível de acidentes, defeitos e avarias; o primeiro passo no TPM é a limpeza das máquinas, um dos procedimentos do 5S;

• E sem estoques desnecessários, *just in time* (*just in time* é um sistema de administração da produção que determina que nada deve ser produzido, transportado ou comprado antes da hora exata. Pode ser aplicado em qualquer organização, para reduzir estoques e os custos decorrentes. O *just in time* é o principal pilar do Sistema Toyota de Produção ou produção enxuta).

Programa 5S + 3

O **Programa 5S + 3** é uma metodologia de administração desenvolvida a partir do Programa 5S, que busca estruturar o trabalho de forma metódica por meio de um processo de reeducação, que busca a sensibilização e a mobilização dos colaboradores na criação e na manutenção de um ambiente de trabalho saudável e produtivo.

Aplicação

Promove a mudança de hábitos e comportamentos mediante a reflexão das pessoas acerca dos recursos disponíveis, contribuindo para o combate aos desperdícios e sem requerer investimentos significativos.

Origem

O cenário econômico mundial tem se alterado muito rapidamente, e na era da competitividade determinados valores, relegados a um segundo plano por sua simplicidade, estão sendo resgatados como elemento diferenciador de competitividade. Dentre eles está o modelo 5S, que na verdade não é tão novo assim, principalmente para o mundo oriental, pois o Japão já o utiliza.

Componentes

1. *Seiri* (utilização, descarte e seleção).
2. *Seiton* (sistematização, ordenação e arrumação).
3. *Seisou* (limpeza).
4. *Seiketsu* (asseio, saúde e higiene).
5. *Shitsuke* (autodisciplina, educação e comprometimento).
6. *Shikari* Yaro (determinação e união).
7. *Shido* (educação, formação profissional e treinamento).
8. *Setsuyaku* (economia e combate aos desperdícios).

Com o intuito de completar o programa 5S no Brasil, são propostos três novos sensos:

Shikari Yaro: determinação e união

Senso de determinação e união. Prega a participação determinada da alta administração em parceria com a união de todos os funcionários.
• Significado das palavras:
• É por meio das ações de mudança de comportamento da alta administração que os funcionários ficarão satisfeitos e motivados para participarem efetivamente do programa.

Shido: treinamento

Senso de treinamento. Prega o treinamento do profissional e a educação do ser humano.

Estas ações qualificam o profissional e o mesmo passa a ter melhor desempenho em suas funções.

• **Significado das palavras:**
• Este segundo senso também engloba o planejamento de todo o programa.

Setsuyaku: economia e combate aos desperdícios

Senso de Economia e combate aos desperdícios. Este é o ponto culminante do programa 8S, pois, uma vez que os sete sensos anteriores

Ser + com Qualidade Total

estejam incorporados ao comportamento das pessoas, estas sentem-se motivadas para sugerir modificações e melhorias, quase sempre de baixo ou nenhum investimento, mas que combatem os desperdícios, reduzindo os custos e aumentando a produtividade.
• **Significado das palavras:**
• Para o sucesso deste senso, é essencial o estabelecimento de um plano de combate aos desperdícios.

Programa 11S + 2
SHISEI RINRI - Senso dos Princípios Morais e Éticos
Senso dos Princípios Morais e Éticos (Shisei Rinri) – Ter ética e ser capaz de voltar esforços para objetivos mais nobres e importantes da empresa. A empresa deve definir padrões de conduta, para que cada empregado saiba o que é certo e o que é errado

SEKININ SHAKAI - Senso de Responsabilidade Social
A responsabilidade social vai muito além dos pagamentos de impostos, tributos e cumprimento de legislação trabalhista e ambiental. A empresa e seus funcionários devem ter um compromisso com a sociedade. Incentivo da empresa juntamente com seus funcionários para realização de trabalho voluntário, atendendo entidades carentes.

CONCLUSÃO
POR QUE IMPLEMENTAR O 5S?

Dentro da organização, a filosofia dos 5S deve ser exercida para que o objetivo seja a melhoria nas condições de trabalho, motivando os empregados para que possam transformar sua capacidade em realizações pessoais para o processo de melhoria contínua dentro da empresa.

O próprio sistema 5S, como ferramenta, precisou sofrer *upgrades*, tornando-se o 13S, devido à evolução dos conceitos e à realidade brasileira, além da economia globalizada e a facilidade do acesso à *internet*, propiciando um crescimento individual do indivíduo; portanto, a ferramenta 13S (até os dias de hoje) deverá ser aplicada em nosso dia a dia, ao limparmos de nossa mente tudo que é ruim, depois organizar os novos valores, reciclar e evoluir sempre, dentro de um senso de disciplina, para que possamos enfim nos tornar cidadãos dignos e globalizados.

REFERÊNCIAS
• ↑ IMAI, Masaaki (1992). *Kaizen: A Estratégia para o Sucesso Competitivo*, IMAM, ISBN 85-89824-33-0
• ↑ PETERSON, JIM & SMITH, ROLAND(1998), *O Guia de Bolso do 5S*, Productivity Press, ISBN 0-527-76338-1
• COLENGHI, Vitor Mature. *O&M e Qualidade Total: uma integração perfeita (em português)*. Rio de Janeiro: Qualitymark, 1997.
• Ishikawa, K. *Controle de Qualidade Total à maneira Japonesa*, Rio de Janeiro, Campus, 1993.
• Juran, J. M. *Juran na Liderança pela Qualidade'*, São Paulo, Pioneira, 1990.
• Campos, V. F. *Gerenciamento da Rotina do Trabalho do dia a dia'*, Rio de Janeiro, Bloch, 1994.
• Taylor, F. W. *Princípios de Administração Científica*, São Paulo, Atlas, 1982.
• Drucker, P. F. *A Nova Era da Administração*, São Paulo, Pioneira, 1976.

José Carlos Bonfim

Funcionário de empresa de economia mista por 36 anos - Banco do Brasil S.A, onde desenvolveu projetos na área financeira, contábil e informática avançada, sendo desenvolvedor de *sites* de complexidade grande e projetos na área de licitações e pagamentos de grandes fornecedores. Filiou-se ao IBCO - Instituto Brasileiro de Consultores de Organização e se tornou consultor autônomo, gerando projetos de sustentabilidade com sites na *internet*, gerando emprego e renda; gravou programa na Record Centro-Oeste (Brasília), representando marca de cooperativas de artesãos no Centro-Oeste. Palestrante na UNIDF, na área de empreendedorismo, com cursos no Sebrae, curso de gestão e repactuação de contratos de terceirização de serviços continuados. Desenvolve projetos de sustentabilidade na área social, econômica e ambiental, fornecendo consultoria em programas sociais e projetos junto às prefeituras ligadas ao SICONV. Contador filiado ao CRCSP-1SP132301.

Site: www.jcdconsultores.com
E-mail: jcdconsultores@terra.com.br
Telefones: (11) 7708-5527 / (61) 4063-8110

Anotações

11

Manufatura celular

Obter resultado constante com melhorias diárias faz com que haja sobrevida nos negócios

José Augusto Corrêa Soares

Ser + com Qualidade Total

José Augusto Corrêa Soares

Encontramo-nos diante de um impasse sobre qual o melhor Sistema de Produção a ser implementado e mantido em nossas empresas; visto que a decisão impacta na definição de área útil, equipamentos a serem investidos, configuração da mão de obra e, assim sendo, no potencial de sua capacidade fabril e na capacidade de gerar faturamento.

Com esta reflexão, queremos apresentar as justificativas provando que em todo e qualquer Sistema de Produção é possível ter a aplicação de um sistema celular, seja em manufatura, seja em áreas administrativas.

Por definição, encontramos que o sistema de Manufatura Celular (MC) está caracterizado pelo agrupamento de recursos de equipamentos na busca de eliminação de desperdícios identificados pelo Sistema *Lean Manufacturing*. É importante entendermos que as perdas existentes nas nossas atividades devem ser "combatidas", pois no resultado significará perda de eficácia.

Tipos de perdas:
• Estoque: excesso de fornecimento de peças no processo ou fornecimento para abastecer a fábrica, gerando o inventário e elevando capital que irá retornar ao sistema, mas não se sabe quando; portanto, é dinheiro parado, onerando fortemente o capital de giro.
• Defeitos: geram retrabalhos, custo adicional de recuperação ou perda de material e recursos. Detectar a causa raiz do problema é fundamental para evitar que os defeitos ocorram.
• Superprodução: relaciona-se ao fato de produzir mais do que a quantidade exigida pela demanda.
• Espera: assinala desarmonia do fluxo, onde uma atividade necessita esperar pelo material ou processo anterior, gerando desperdício de tempo;
• Transporte: é somente a movimentação de produtos e não agrega valor; geralmente é resultante de *layout* inadequado.
• Movimentação: *layout* inadequado, levando à movimentação de pessoas no processo. Segundo Shingo (1996), se uma tarefa leva muito tempo, na verdade alguns movimentos levam muito tempo até que sejam executados.

Manufatura Celular visa à melhoria contínua (ou *Kaizen*) e à constância na redução ou eliminação de desperdícios, pois estes tornam-se mais visíveis.

Atualmente, constata-se a Manufatura Celular como um Sistema de Produção de alta *performance*, uma vez que se torna possível agrupar os produtos/serviços em grandes famílias, levando em consideração a similaridade por meio de fluxograma produtivo, com base nas operações, máquinas e materiais.

O Mapeamento da Cadeia de Valor (MCV) é uma importante ferramenta para identificar oportunidades de ganho.

O MCV permite a visualização do fluxo das atividades, seus desperdícios e suas fontes, mostrando a relação de fluxo de informações e suas frequências, possibilitando assim a discussão e decisões a fim de implementar novas técnicas para eliminar as perdas existentes; sendo que as métricas atuais são referências para definir o estado futuro.

VISÃO DE PROCESSO

Os processos são compostos por ENTRADA = informações e/ou necessidades e, para executarmos as nossas atividades (processos), estaremos empregando recursos (materiais/mão de obra/hora máquina) e na SAÍDA teremos o nosso cliente interno ou externo com sua expectativa de que o produto ou serviço seja oferecido nas características desejadas, no tempo adequado e na quantia desejada.

Os resultados destas atividades nem sempre têm sido os mais satisfatórios aos clientes internos e em muitas vezes ao cliente externo – nosso cliente final.

A Manufatura Celular é uma mudança de cultura para a empresa, pois teremos de encarar que a atividade do processo 1 atenda às exigências do processo 2, bem como este do processo 3 e assim sucessivamente, em qualidade, quantidade e momento certo. Sendo fundamental salientarmos que para a entrada de cada atividade iremos aplicar recursos e à saída devem-se medir os resultados obtidos.

Por meio da Manufatura Celular, identificam-se os processos, recursos aplicados, capacidades, índices da qualidade, variações existentes, atuais métricas.

Para tornar os processos mais evidentes, podem-se aplicar diversas ferramentas da Qualidade, tais como o **Fluxograma Vertical**, ferramenta que demonstra as etapas do processo, tipos de operações, manuseios, transportes e, consequentemente, as possíveis oportunidades de reduzir ou eliminar desperdícios.

A fim de identificar real capacidade e oportunidade nos processos para definir a célula de manufatura, recomenda-se:

• Estudo de tempo: obter a sequência de atividades, com detalhe dos tempos para definir o tempo padrão;

• Mapa Espaguete: demonstra o fluxo das atividades; visando à descrição de movimentação do produto ao longo do fluxo produtivo atual;

• Atividades que agregam valor (AV): consomem recursos e atendem aos interesses do ponto de vista do cliente, ou seja, realmente transforma uma necessidade do cliente naquilo que ele realmente deseja;

• Atividades que não agregam valor (NAV): consomem recursos, mas não atendem aos interesses do cliente;

• As atividades que não agregam valor (NAV) devem ser eliminadas ou reduzidas, o que exige muitas ações; isso faz parte do processo de Melhoria Contínua.

PRATICANDO CRIAÇÃO DE CÉLULA

Com base nestes conceitos, passamos a aplicá-los numa linha de produção. Cronometraremos cada atividade e seus elementos, desenharemos o fluxograma vertical e o espaguete. Tendo estas informações, é possível estabelecer as métricas atuais, recomendando as seguintes:

• Capacidade produtiva, em unidade/hora/homem;

- Área ocupada, em m²;
- Distância percorrida para completar a operação, em metros (nº de passos x 0,6m);
- Estoque de peças no processo (WIP), em unidades;
- Tempo de processamento (*lead time*), em minutos.

As métricas demonstram o quanto você tem de capacidade fabril, área necessária para gerar a sua fabricação e atender uma demanda, sendo fundamental que, com base nestes dados, podemos realizar todo um dimensionamento não só da capacidade fabril ou área, mas também condições de definir a mão de obra a ser aplicada, tornando-se possível visualizar as condições necessárias para atender o mercado.

Para configurarmos uma célula de manufatura, a demanda sempre é a referência, ou seja, a quantia a ser entregue ao cliente acaba por definir os recursos de equipamentos, pessoas e materiais.

A configuração deve levar em conta as variações de quantia e modelos, para determinar a mão de obra através da seguinte equação:

$$TT = TLD / Demanda$$

Sendo:
TT = tempo *takt*, que é o tempo necessário para atender à demanda;
TLD = tempo líquido disponível, que é tempo disponibilizado para gerar produtos (caso você aplique tempo de café, reuniões e outros eventos, deve ser retirado do TLD);
Demanda = quantia definida como venda/ faturamento de produtos;
É fundamental aplicar demanda relativa ao tempo líquido disponível, como segue o exemplo:
Demanda: 1.200 peças por dia
TLD: 7,5h, a fim de facilitar a visualização transformamos em segundos, portanto = 27.000s.
Ou seja:

$$TT = 27000 / 1200 = 22,5s$$

Conclui-se que a cada 22,5s temos que apresentar um produto pronto ao cliente, e que, portanto, o desenho de nossa célula deve possuir em cada operação tempo não superior a 22,5s. E, caso haja operação superior a este tempo, teremos que contemplar na célula algum posto para completar a fabricação no tempo definido.

Assim sendo, as ferramentas anteriormente apresentadas serão aplicadas para fazer este desenho da célula, com todos os recursos aplicáveis para a geração da família de produtos previamente definidos.

O Diagrama Espaguete apresenta muitas "maratonas" fabris, com movimentos de pessoas, empilhadeiras e outros meios, elevando estoques de processos em função da movimentação de não ser apenas uma peça.

O formato da célula pode ser "U", "L" ou "S", sempre visando à conexão das atividades e buscando a redução ou eliminação das atividades que não agregam valor.

Com aplicação adequada das ferramentas e implementação da célula de manufatura, faz-se a necessidade de monitorar as métricas anteriormente apresentadas, ou seja, valores antes e valores após.

A Manufatura Celular tem sua sustentação pela Liderança da área e do Gestor da empresa, podendo aplicar algumas ferramentas como:

• Matriz de competências dos operadores: define a qualificação de cada operador x, cada atividade da célula;

• Instruções de trabalho no posto das atividades com as rotinas e tempos: fundamental para assegurar a metodologia de trabalho, bem como o tempo para atividade;

• Planos de inspeção: documentos de referência para autocontrole das atividades a fim de assegurar que a célula não gere produtos com defeitos e/ou falhas, ou seja, grande compromisso das pessoas e do uso de *poka-yoke* para contribuir com a qualidade;

• *Ândons* e regras de aplicação: meios de sinalização de que a célula necessita de apoio externo, podendo ser via luz ou sinal sonoro; recomenda-se que a célula possua luz; e as regras de operação difundidas;

• *Kanban*: ferramenta de gestão de volumes de materiais a fim de evitar a interrupção da célula por falta de materiais sem gerar excesso de material na célula, bem como evitar desequilíbrio nas quantias aplicadas;

• Sistema de abastecimento de materiais: regras de abastecimento dos materiais estabelecidos pelo *kanban*, bem como a disponibilidade de material em cada posto de trabalho.

CONCLUSÕES

A Manufatura Celular necessita de apoio incondicional da Alta Direção, uma vez que se trata de uma mudança drástica no Sistema de Manufatura e exige muita disciplina para a manutenção e a disponibilidade de atuar nas ocorrências diárias. Os operadores necessitam e devem ter evidências claras sobre as responsabilidades, favorecendo a flexibilidade e a comunicação em todos os níveis.

Um fator importante para as atividades celulares é a qualificação da mão de obra, pois a polivalência irá assegurar o rendimento de todas as operações, criando assim a multifuncionalidade.

A Manufatura Celular é uma das mais importantes sistemáticas fabris, seja na área de manufatura ou na área administrativa, pois se cria um ambiente de produção em fluxo, evitando as interrupções de processo, possibilitando a eliminação de desperdícios e forçando a condição de se ter produtos e serviços bons na primeira corrida. Assim temos uma companhia mais rentável e mais competitiva neste mercado global.

Portanto, aplicar os recursos existentes em nossa empresa de forma saudável deve ser a obrigação de nossos gestores, mas para isso eles necessitam reconhecer as atividades que realmente agregam valor ao seu negócio e, portanto, tenha certeza de que a melhoria é contínua quando se dá este primeiro passo.

Sucesso!

José Augusto Corrêa Soares

Licenciado plenamente pela Universidade Estadual Paulista Júlio de Mesquita Filho – UNESP em Mecânica, especializado em Tecnologia da Qualidade; Administração da Produção e Gestão Sócio-Ambiental; 25 anos de experiência em indústria nas áreas de produção, engenharia da qualidade, engenharia de produto, relação com o cliente, gestão socioambiental; e em *lean manufacturing*. Atualmente é Gerente de Melhoria Contínua na indústria e atua há 22 anos na área da Educação Técnica Profissional e em curso de graduação na área de Administração de Empresas.

E-mail: augustosoares.91@gmail.com
Telefone: (15) 3205-1469

Anotações

Educação a Distância e Gestão da Qualidade

A Educação a Distância é um produto que vem crescendo bastante no país, principalmente pela abrangência cada vez maior da *internet* nos lares brasileiros. O presente artigo se propõe a analisar a melhor forma de conduzir esse tipo de aprendizado

Ricardo Mendonça

Ser + com Qualidade Total

Tratando o ensino a distância como uma forma de aprendizagem normalmente orientada para adultos, não podemos deixar de levar em conta os fundamentos da andragogia, o estudo da aprendizagem dos adultos, como referencial teórico que fundamenta muitas propostas nesta área.

Para a andragogia, o adulto se motiva a aprender na medida em que experimenta a realização de suas necessidades e seus interesses. Neste contexto, um curso a distância caracteriza-se inicialmente como fonte motivadora, uma vez que é buscado livremente pelo interesse do próprio aluno.

A orientação de aprendizagem do adulto está centrada na vida, nas experiências pelas quais passa e por sua necessidade de aperfeiçoamento. Assim sendo, embora tenha Unidades de Estudo, um curso a distância pela *internet* deve ter a orientação do debate e da troca de ideias e experiências a partir dos fóruns de discussão e bate-papos.

Adultos são autodirigidos, portanto, a orientação do tutor é a participação no processo de aprendizagem e a mútua investigação das experiências de cada um, a partir do conteúdo estudado e de sua aplicação nas realidades individuais.

As questões de tempo de aprendizagem, ritmo e estilo dos alunos devem ser consideradas, uma vez que as diferenças individuais estão presentes ao longo do curso e devem ser gerenciadas satisfatoriamente. Não podemos deixar de dar importância aos aspectos regionais e suas peculiaridades, como linguagem e cultura de mercado.

Fazendo um paralelo com os princípios da Gestão da Qualidade, podemos sistematizar a relação ensino–aprendizagem andragógica da seguinte maneira:

Total satisfação do cliente – O adulto busca a informação e o conhecimento por vontade própria. Assim sendo, o curso deve ser formatado tanto em conteúdo como em relação tutor–aluno, de forma que possa atingir e satisfazer esta necessidade do aluno.

Gerência participativa – Um curso na modalidade EAD para adultos deve conceber uma relação participativa, questionadora e desafiadora por parte do tutor, para que o aluno se sinta também motivado a participar, debater e buscar as respostas necessárias às suas necessidades de aperfeiçoamento no mercado. A motivação do adulto para a aprendizagem está diretamente relacionada às chances de que ele tem de participar com sua história de vida. Portanto, o ambiente de aprendizagem com pessoas adultas é permeado de liberdade e incentivo, para cada indivíduo falar de suas experiências,

Ser + com Qualidade Total

ideias, opiniões, compreensão e conclusões.

Desenvolvimento humano – Toda busca de informações e aquisição de conhecimento possibilita um desenvolvimento nas mais diversas esferas da vida humana. O curso pretende este desenvolvimento nas competências já relacionadas no mercado de atuação do aluno, a partir do conteúdo e da relação tutor-aluno.

Busca da melhoria contínua – A partir da própria história de vida do aluno, deve-se conceber um curso que possibilite, tanto com a participação, como com a aplicabilidade do conteúdo, o uso de ferramentas efetivas para sua constante melhoria como ser humano e como profissional em sua área de mercado.

Constância de propósitos – Eventuais problemas técnicos ou de compreensão de conteúdo devem ser entendidos pelo adulto como oportunidades para seu crescimento. Cabe ao tutor "atravessar o rio" com o aluno neste momento, mostrando ser um fator de suporte, acompanhamento e, principalmente, estímulo à superação dos problemas.

Gerência de processos – Ciclo PDCA – Um curso na modalidade EAD pressupõe planejamento, execução, averiguação e correção do que se fizer necessário. Podemos associar a estes conceitos os fatores: plataforma e ferramentas utilizadas no ambiente, tempo necessário à participação no curso e às necessidades coletivas e individuais dos alunos. Para o trato com adultos, todos estes itens devem estar em sintonia para a efetividade do que se pretende. A própria escolha teórica do modelo de tutoria e o estilo pessoal do tutor devem estar em constante revisão, não só em decorrência de falhas que possam acontecer na relação com os alunos, mas também como um projeto de melhoria contínua.

CICLO PDCA DE ANÁLISE E CONTROLE DE PROCESSOS

P – *Plan* (planejar) – Etapa 1
D – *Do* (fazer/executar) – Etapa 2
C – *Check* (checar/averiguar) – Etapa 3
A – *Action* (ação corretiva) – Etapa 4

Delegação – A aprendizagem em EAD se caracteriza pela interação tutor–aluno, onde ambos aprendem entre si, num clima de liberdade e ação. Ao aluno é dada total liberdade de tempo pela assincronicidade do curso, com exceção de bate-papos marcados.

Nesta ótica, o aluno também é responsável por seu aprendizado decorrente de seu comprometimento. Não cabem ao tutor atitudes de cobrança, uma vez que o aluno é agente de sua aprendizagem. Ele deve decidir o que aprender e qualquer questionamento de compromissos de conteúdo com relação ao curso precisa ser negociado diretamente com o tutor.

Comunicação e disseminação de informações – O diálogo é a essência do relacionamento educacional entre adultos. Portanto, os aprendizes adultos devem ser estimulados a desenvolver sua habilidade tanto de falar quanto de ouvir e participar das discussões, que no período do curso vão construindo o conhecimento da turma. Também todas as informações administrativas e de conteúdo devem ser claras, transparentes e sem duplo sentido. Necessitam também ser documentadas para controle e segurança de ambos, tutor e alunos.

Garantia da qualidade – O adulto é dotado de consciência crítica e avaliativa com relação às suas necessidades de aprendizagem e a seus resultados alcançados. A elaboração de um curso EAD deve oferecer garantias, na medida do possível e do real, para que a qualidade das informações e o resultado esperado pelo aluno possam ser alcançados e até superados. Para que isto se torne plausível, todo o conjunto de fatores operacionais, ferramentas e tutoria deve trabalhar junto, para construir, manter e alcançar as metas propostas.

Busca da excelência - A excelência se caracteriza por uma busca constante de aprimoramento. Em EAD, este aprimoramento se dá em relação à capacitação constante do tutor no uso das ferramentas, conhecimento teórico e vivencial do tema de estudo, formas de avaliação a serem utilizadas e outras necessidades de melhoria, que podem surgir tanto no curso como na evolução da EAD de uma forma geral.

Ser + com Qualidade Total

Ricardo Mendonça

Psicólogo – mestre em Psicologia – especialista em Educação a Distância, coordenador, *coach*, articulista e instrutor na Diferencial Educação & RH, onde também é formador de conteúdo e tutor dos cursos *e-learning*. Professor de gestão de pessoas e liderança - SENAC - RJ, Professor de MBA - Gestão de Pessoas e Consultoria Organizacional - Universidade Gama Filho - RJ, consultor e instrutor do Sebrae-RJ por onze anos na área do Empreendedorismo e no Sebrae Nacional como tutor do curso Aprender a Empreender, no período de 2002 a 2008. Consultor e instrutor por seis anos do IBQN – Instituto Brasileiro da Qualidade Nuclear, em programas de implantação da GQT, Gestão da Qualidade Total. Responsável por dois anos pelo Serviço de Orientação Psico-Pedagógica. Colégio Betânia, Niterói, RJ. Avaliador do Prêmio Qualidade Rio. Formação em *coach* pela Potencial Psi, com o Prof. Sergio Behnken, líder *coach* pela *ProFit/ Corporate Coach*.

Site: www.diferencialbr.com.br
E-mail: ricardo@diferencialbr.com.br
Telefones: (21) 2255-6470 / (21) 9492-1557

Anotações

13

O mundo como um prego

Este artigo tem por objetivo apresentar algumas ferramentas básicas da qualidade e despertar no leitor o interesse pela pesquisa e aprofundamento no conhecimento destas

Divino Vieira da Silva

Ser + com Qualidade Total

Alguém disse certa vez que "para aquele que só tem um martelo, o mundo inteiro é um prego". Numa pesquisa rápida, é possível encontrar essa frase em inúmeras fontes, porém não se consegue determinar sua origem.

A citada frase se baseia na seguinte ideia: quando temos uma ferramenta qualquer à mão, tentamos usá-la, seja onde for, independentemente desta ser a mais adequada ou não.

De um modo geral, todos nós possuímos uma propensão para reduzir qualquer questão à nossa área do saber ou interesse. No ambiente da Qualidade Total não é diferente. É comum vermos especialistas diversos tentando resolver um mesmo problema de formas distintas, ou ainda, problemas distintos com as mesmas soluções. Podemos citar como exemplo um problema de não atendimento à demanda de um determinado cliente, onde um especialista em manutenção verá como potenciais causas a idade ou a má conservação dos equipamentos; um especialista em recrutamento e seleção enxergará como uma possível causa a capacitação inadequada da mão de obra; o responsável pela produção reclamará da falta de recursos materiais e humanos; um especialista em automação responsabilizará o alto número de operações manuais e assim por diante. Soluções mais efetivas exigirão o domínio e a aplicação de ferramentas mais adequadas.

Uma ferramenta de uso praticamente obrigatório em todo processo de melhoria contínua é o *brainstorming* ou "tempestade de ideias".

Brainstorming (Tempestade de ideias)

Dentre os vários tipos de reuniões, destaca-se aqui aquela que tem por objetivo principal a obtenção de sugestões ou ideias. É necessário que essas sugestões sejam obtidas da maneira mais participativa possível. A ferramenta que torna possível esse resultado é o *brainstorming*, uma ferramenta bastante simples e agradável, que estimula a criação de um grande número de ideias em curto espaço de tempo.

O sucesso do *brainstorming* decorre de suas principais características: a participação de todos, o entusiasmo e a igualdade entre os participantes, o comprometimento dos presentes com os resultados e o exercício do raciocínio na pesquisa de todos os aspectos do assunto abordado.

O *brainstorming* caracteriza-se por duas fases distintas: a *criativa* e a *crítica*. Na fase criativa deve ser concedido um tempo para que os participantes pensem sobre o tema que será abordado. Nessa fase podem-se adotar dois procedimentos: pedir a cada participante, seguindo uma ordem, que exponha a sua ideia ou deixar que cada um coloque a sua ideia, verbalmente ou por escrito, no momento em que julgar apropriado. As ideias geradas deverão ser registradas, com as mesmas palavras que foram expressas, pelo coordenador ou outro membro da equipe. O objetivo, nessa fase, é gerar o máximo de ideias possível, não sendo permitido qualquer tipo de crítica ou comentários paralelos que possam inibir a criatividade.

Na fase crítica, o grupo analisa as ideias, comparando-as e eliminando as redundantes e aquelas que fogem do tema estabelecido inicialmente.

O tempo de duração de um *brainstorming* está vinculado à capacidade de geração de novas ideias. Em geral, quinze minutos são suficientes.

Ser + com Qualidade Total

As sete Ferramentas da Qualidade

As sete ferramentas da qualidade foram organizadas por Kaoru Ishikawa, com o objetivo de aperfeiçoar o controle de qualidade industrial na década de 60.

É importante destacar que Ishikawa apenas organizou as ferramentas, não sendo o criador delas. Destas, a única que foi criada por ele é o Diagrama de Causa e Efeito, também conhecido como Espinha de Peixe ou Diagrama de Ishikawa.

As Sete Ferramentas da Qualidade são técnicas utilizadas para definir ou descrever os problemas e oportunidades, coletar e organizar dados sobre os mesmos, encontrar as causas fundamentais e propor ações para a eliminação ou redução destas.

As Sete Ferramentas Básicas da Qualidade são:
1. Fluxograma;
2. Lista de Verificação;
3. Histograma;
4. Diagrama de Pareto;
5. Gráfico de Controle;
6. Diagrama de Dispersão;
7. Diagrama de Causa e Efeito ou Espinha de Peixe.

1. Fluxograma

É uma representação gráfica da sequência real dos eventos de um processo. O fluxograma pode ser aplicado a qualquer tipo de processo, desde os caminhos percorridos por uma fatura até o fluxo de materiais.

O fluxograma torna mais simples a análise de um processo, facilitando a identificação dos seus pontos críticos, a comunicação entre os envolvidos e a disseminação das informações pertinentes.

São utilizados símbolos para representar as etapas do processo, a sequência das operações e a circulação dos dados e dos documentos. São eles:

Elipse: indica o início e o fim do processo;
Retângulo: indica uma ação ou atividade desempenhada no processo;
Losango: é colocado no ponto em que uma decisão deve ser tomada. A questão, que normalmente deve ser respondida com sim ou não, é escrita dentro do losango, e duas setas saindo dele indicam o caminho a ser seguido em função de cada resposta.

Antes de desenhar um fluxograma é necessário determinar, com clareza, os limites do processo.

2. Lista de Verificação

São formulários que permitem à equipe coletar sistematicamente os dados referentes a um processo. Estes dados poderão ser históricos ou frutos de observações. O objetivo é detectar e destacar padrões e tendências. Na lista de verificação, os itens a serem examinados já vêm impressos, facilitando a coleta e o registro das informações.

3. Histograma

É um gráfico de barras verticais que permite conhecer as características de uma determinada distribuição. Através do histograma é possível visualizar, de forma fácil e rápida, os parâmetros de localização e de dispersão dos dados. O histograma representa a voz do processo. Quando o comparamos com as especificações do cliente, torna-se possível avaliar e quantificar a capacidade que este processo possui de gerar, de forma contínua, produtos conformes.

4. Diagrama de Pareto

É um gráfico de barras verticais que mostra a estratificação de várias causas ou tipos de defeitos, modos de falhas, reclamações ou problemas. A quantidade ou o custo desses fenômenos são apresentados através das barras, de tamanhos diferentes, em ordem decrescente. O objetivo é estabelecer uma ordem de prioridades para as causas ou os problemas segundo um determinado critério.

O princípio de Pareto classifica os problemas relacionados à qualidade em duas categorias, "**Poucos Vitais**" e "**Muitos Triviais**".

Pelo princípio de Pareto, devemos, inicialmente, concentrar nossos esforços sobre os Poucos Vitais, que apesar de representarem um pequeno número de problemas, são responsáveis pelas grandes perdas da empresa.

5. Gráfico de Controle

Também conhecido como Carta de Controle, é uma ferramenta utilizada para o monitoramento do processo. As Cartas lhe permitem a identificação de causas não comuns (ou especiais) de variação do processo. A presença de causas especiais é identificada através de pontos fora dos limites de controle, sequências de pontos acima ou abaixo da linha central, tendências crescentes ou decrescentes ou qualquer padrão claramente não aleatório. A eliminação das causas especiais torna os processos estáveis e previsíveis.

6. Diagrama de Dispersão

É um gráfico que permite identificar possíveis relações entre as mudanças observadas em dois conjuntos de dados. Para a elaboração de um diagrama de dispersão, deverão ser coletados pares de dados das variáveis de interesse x e y, sendo "x" a variável independente e "y" a variável dependente.

Este diagrama, que consiste em uma nuvem de pontos sobre o plano cartesiano, onde cada ponto representa um par de dados, fornece meios visuais e estatísticos para testar a intensidade de uma possível relação entre as duas variáveis estudadas. O Diagrama de Dispersão poderá indicar uma correlação moderada, tanto positiva quanto negativa, ou a ausência de correlação.

7. Diagrama de Causa e Efeito ou Espinha de Peixe ou Diagrama de Ishikawa

Durante a solução de um problema, o grupo realiza um *brainstorming* a fim de levantar as possíveis causas.

As causas apontadas encontram-se sem ordenação, de modo que se torna necessário relacioná-las de uma maneira organizada para que se percebam claramente as relações entre os fatores, o que é causa e o que é efeito. A ferramenta que possibilita a apresentação gráfica dessa lista de causas, permitindo uma ótima visualização, é o Diagrama de Causa e Efeito, também conhecido como

Ser + com Qualidade Total

Diagrama de Ishikawa ou Espinha de Peixe.
   O Diagrama de Causa e Efeito é constituído de uma grande linha horizontal que aponta para o problema ou efeito que se deseja estudar. As linhas inclinadas que partem da linha principal representam as categorias ou classes principais de causas. Podem existir ramificações menores, de cada categoria principal, chamadas subcategorias ou subclasses de causas.
   As categorias mais comuns nos processos industriais, nas quais poderão ser alocadas as ideias que se deseja organizar, são os 6M´s: Mão de obra, Máquina, Método, Meio ambiente, Matéria-prima e Medida. Nem todas essas classes deverão estar presentes em todos os diagramas, pois dependendo do problema em questão, algumas serão desnecessárias.
   Para uma melhor compreensão das categorias, também conhecidas como fatores, apresento-lhes um detalhamento dos seus significados:
   • Mão de obra: trata dos aspectos físicos e mentais dos trabalhadores envolvidos no problema, bem como do absenteísmo, da pontualidade, do cumprimento das regras, enfim, do comportamento em geral.
   • Máquina: refere-se aos diversos aspectos dos equipamentos como a deterioração, a manutenção, a identificação, a armazenagem etc.
   • Método: expõe itens relacionados ao Procedimento Operacional, como a clareza, a simplicidade, a facilidade de execução, a ausência de passos essenciais ao desempenho da função, a ausência de parâmetros essenciais etc.
   • Meio ambiente: trata de aspectos relativos ao ambiente de trabalho, como a iluminação, ruídos, temperatura, vibração, pó, poeira etc., seja nas oficinas, escritórios, corredores, passagens ou áreas comuns ligadas ao problema ou à oportunidade em estudo.
   • Matéria-prima: aborda todos os itens relativos à matéria-prima, como a situação dos fornecedores, o fornecimento interno, as condições de armazenagem etc.
   • Medida: detalha os itens relacionados à medição, como as condições do instrumento de medição (calibração, precisão, conservação), a frequência, a inspeção etc.
   Dependendo do problema, podem-se adotar outros tipos de categorias para a organização das causas principais.

Referências:
• Brassard, M., Ritter, D. The memory jogger II. Salem: GOAL/QPC, 1994.
• Campos, Vicente Falconi. TQC: Controle da qualidade total (no estilo japonês). Belo Horizonte: Fundação Christiano Ottoni, UFMG, 1992.
• Werkema, Cristina. Ferramentas estatísticas básicas para o gerenciamento de processos. Belo Horizonte: Editora Werkema, 2006.

Divino Vieira da Silva

Consultor *Master Black Belt* certificado pelo Grupo Werkema e FDG. Especialista em Gestão da Produção pela Universidade Federal de São Carlos. Atuou em empresas de diversos setores e portes variados, implementou e coordenou programas para melhoria de qualidade e produtividade e Programa Lean Seis Sigma. Possui extensa experiência com projetos Lean Seis Sigma, metodologia PDCA, Metodologia de Análise e Solução de Problemas – MASP.

E-mail: di_vieira@uol.com.br
Telefone: (11) 9717-8878

Anotações

15

A utilização das ferramentas da Qualidade no apoio à segurança dos alimentos

O presente artigo trata das possibilidades e correlações sinérgicas entre os princípios-chave da Norma NBR ISO 22000/2006 e as principais ferramentas da Qualidade Total no contexto das práticas gerenciais da indústria de alimentos

Marcus Vinicius P. Oliveira

Ser + com Qualidade Total

Marcus Vinicius P. Oliveira

Característico dos movimentos do mundo pós-moderno em suas *nuances* de velocidade e de fragmentação, vemos que muitas ações foram impulsionadas pelas organizações, ora com base em novas teorias, ora ressuscitando antigos paradigmas, para que pudessem manter sua competitividade dentro do mercado. O fato é que, em função de buscar espaços junto a clientes e consumidores, muitas ferramentas foram desenvolvidas e disponibilizadas nas últimas três décadas, sendo que parte destas foi igualmente descartada em meio a um turbilhão de mudanças muito mais virtuais do que práticas. Destacam-se, ao considerarmos o Brasil, o Ciclo PDCA (*Plan-Do-Check-Action*)[1] (CAMPOS, 1990), os 6M's[2], os 5S[3], 5W1H[4] e as sete (velhas) ferramentas[5] da qualidade (KUME, 1993), postuladas no final dos anos 80, através dos livros sobre Qualidade Total. Neste artigo analisaremos a importância destas velhas ferramentas dentro do contexto dos sistemas de gestão da segurança dos alimentos, visto que este requisito tornou-se peça-chave para a competitividade deste segmento da indústria nacional.

Estabelecida como legislação no Brasil desde 1994, a Gestão da Segurança dos Alimentos obteve seu maior impulso a partir de 2001, com advento específico dos processos de certificação que, de certa maneira, foram "unificados" e em 2005, com o surgimento da Norma ABNT NBR ISO 22000/2006 – Sistema de Gestão da Segurança dos Alimentos. Além de consolidar ferramentas específicas do segmento alimentício, tais como a Análise de Perigos e Pontos Críticos de Controle – APPCC e as Boas Práticas de Fabricação – BPF, este sistema ainda agrega mais dois princípios-chave: a comunicação interativa e os elementos de gestão, baseados na Norma ABNT NBR ISO 9001/2008. É neste conjunto de princípios que encontraremos os pontos sinérgicos entre as ferramentas da qualidade e de segurança dos alimentos.

1. Elementos específicos da segurança dos alimentos
1.1. Boas Práticas de Fabricação - BPF

Trata-se de um conjunto de princípios e normas de conduta que, quando aplicados aos processos de manipulação de alimentos, asseguram que produtos fabricados atendam às condições higiênico-sanitárias necessárias para o consumo humano. Este conjunto de princípios, de forma geral, está relacionado às condições estruturais de edificações, higienização de equipamentos e instalações, condições de produção e controle de qualidade, codificação de produtos, controle da potabilidade de águas utilizadas, saúde e higiene dos manipuladores, controle integrado de pragas, seleção das matérias-primas, ingredientes e embalagens, manutenção preventiva, calibração de instrumentos e controle da destinação de resíduos. Sob o ponto de vista da Norma ABNT NBR ISO 22000/2006, as Boas Práticas de Fabricação são conhecidas como *programas de pré-requisitos*, por meio dos quais a segurança dos alimentos (em seu ciclo de gestão) só consegue se sustentar quando estes princípios estão presentes e devidamente implantados.

---

[1] Modelo gerencial na qual se estabelece a lógica operacional para a criação e manutenção dos padrões organizacionais, permitindo aos gestores estabelecerem ciclos de previsibilidade e de melhoria dos resultados de uma empresa.
[2] Sigla que identifica os componentes que afetam os resultados diretos de um processo: máquina, meio ambiente, mão de obra, medição, método e materiais.
[3] Sigla que identifica os cinco sensos utilizados pela cultura oriental para o autodesenvolvimento e seus efeitos sobre a coletividade: SEIRI – senso de utilização; SEITON – senso de arrumação; SEISO – senso de limpeza; SEIKETSU – senso de saúde e SHITSUKE – senso de autodisciplina.
[4] Sigla que designa o conjunto de requisitos básicos para a montagem de um plano de ação: WHAT (o que deve ser feito); WHO (quem deve fazer; responsável); WHERE (onde a ação deve acontecer, lugar, área ou processo); WHEN (em que prazo deve ser realizado); WHY (qual a sua importância, justificativa) e HOW (como deve ser realizado).
[5] Folha de verificação / estratificação, Fluxograma, Diagrama de Pareto, Diagrama de causa e efeito, Diagrama de dispersão, Histograma e Gráfico de Controle.

Apesar de sua aparência bastante técnica, as Boas Práticas de Fabricação exigem, além de esforços de investimentos sob o ponto de vista estrutural, muitas horas e estruturações de mecanismos educacionais para o desenvolvimento técnico e cultural dos manipuladores de alimentos. Em função deste fato, muitas organizações correlacionam a implantação das Boas Práticas de Fabricação ao Programa 5S /Housekeeping[6] a fim de ampliar o grau de conscientização de seus colaboradores.

1.2. Análise de perigos e pontos críticos de controle - APPCC

Trata-se de uma metodologia desenvolvida na década de 60 nos EUA com a finalidade de identificar perigos[7] significativos aos alimentos e sua respectiva medida preventiva de controle, evitando assim danos à saúde e à integridade física dos consumidores. Sete princípios são estabelecidos, através do CODEX ALIMENTARIUS (CAC/RCP 1, 2003), para a implantação do Método APPCC dentro das organizações:
• Análise de perigos e medidas de controle;
• Identificação dos pontos críticos de controle – PCC's;
• Estabelecimento dos limites críticos;
• Estabelecimento dos procedimentos de monitorização dos pontos críticos de controle;
• Estabelecimento das correções/ações corretivas;
• Estabelecimento dos procedimentos de verificação dos pontos críticos de controle;
• Estabelecimento dos procedimentos de registro.

Complementa-se ainda que o Método APPCC pode-se apoiar em ferramentas específicas, denominadas árvores decisórias, para determinar perigos significativos em um produto ou processo específico: possíveis materiais críticos utilizados na elaboração do alimento e/ou identificação de pontos críticos de controle (PCC's)/programa de pré-requisitos operacionais (PPRO's)[8] mediante as características específicas das etapas de processamento de um alimento.

2. Resumo dos pontos sinérgicos entre o Sistema de Gestão da Segurança dos Alimentos e as (velhas) ferramentas da qualidade

O Quadro 1, a seguir, sintetiza as diversas possibilidades e correlações sinérgicas entre a Gestão da Segurança dos Alimentos e as ferramentas da qualidade em sua utilização frente aos princípios-chave da Norma NBR ISO 22000/2006.

QUADRO 1: Correlações sinérgicas entre a Gestão da Segurança dos Alimentos e as Ferramentas da Qualidade

---

[6]Derivação do Programa 5S, baseado apenas nos aspectos operacionais: SEIRI, SEITON e SEISO.
[7]Perigo é qualquer agente nocivo de natureza física, química ou biológica ou condição inaceitável de um alimento que possa promover algum efeito adverso de saúde.
[8]Conceito adotado para identificar controles específicos das Boas Práticas de Fabricação, oriundos do Plano APPCC, e que são essenciais para eliminar ou reduzir um perigo a níveis aceitáveis em um determinado alimento (ISO/TS 22004:2005, 2005).

Princípios da Norma ABNT NBR ISO 22000/2006	Requisitos	Ferramentas da qualidade
Comunicação interativa	• Comunicação interna; • Comunicação externa (clientes, consumidores, fornecedores, comunidade e organismos públicos); • Recolhimento de produtos; • Prontidão de respostas a emergências;	Fluxograma, Folha de registros e 5W1H;
Elementos de gestão	• Controle de documentos e de registros;	Fluxo de processo e Folha de registros;
	• Políticas, objetivos e metas; • Planejamento do sistema de gestão da segurança dos alimentos;	Ciclo PDCA, Desdobramento de diretrizes e Itens de verificação;
	• Análise crítica pela direção;	Diagrama de Pareto, Diagrama de dispersão, Análise de tendência e Folha de registros;
	• Gestão de recursos; • Competência e capacitação de pessoas; • *Hardware*; • *Software*;	Desdobramento de diretrizes, Gerenciamento do crescimento humano e Folha de registros;
	• Controle de não-conformidades e de ações corretivas; • Auditorias internas;	Fluxo de processo, 5W1H, Diagrama de causa e efeito, Histograma,
		Diagrama de dispersão, MASP[9] e Folha de registros;
	• Atualização e melhoria contínua do sistema;	Gerenciamento da rotina e de melhorias;
Boas Práticas de Fabricação	• Programa de pré-requisitos;	5S, Desdobramento de diretrizes e Gerenciamento da rotina;
	• Auditorias internas;	Fluxo de processo, 5W1H e Folha de registro;
	• Sistema de rastreabilidade/*recall*;	Fluxo de processo e comunicação e Folha de registro;

[9] Metodologia e análise de solução de problemas.

Ser + com Qualidade Total

Análise de perigos e pontos críticos de controle	• Etapas preliminares para a análise de perigos; • Análise de perigos, seus níveis aceitáveis e medidas de controle;	Fluxograma, 6M's, Desdobramento da função qualidade;
	• Identificação de pontos críticos de controle e seus limites críticos;	Análise de modo e efeito de falha (FMEA[10]);
	• Monitorização e verificação dos PCC's e PPRO's; • Validação das medidas de controle;	Gerenciamento da rotina, 5W1H, Controle estatístico de processo, Histograma, Diagrama de dispersão e Folha de registros;
	• Tratamento de produtos potencialmente inseguros;	Gerenciamento da rotina, 5W1H e Folha de registros;

Através desta matriz que relaciona a Norma ABNT NBR ISO 22000/2006 e as ferramentas da qualidade, podemos ver, mesmo que de forma minimizada, a importância da concatenação destes conhecimentos como elementos facilitadores na implantação e manutenção dos sistemas de gestão da segurança dos alimentos. Adicionamos a esta condição a importância das empresas deste segmento de mercado compreenderem, apesar de toda velocidade e volatilidade do mundo pós-moderno, que a sustentação dos sistemas de gestão é construída a partir da consolidação do conhecimento ao longo do tempo e pelo uso de ferramentas técnicas. Neste sentido, é preciso cada vez mais investir em tecnologias do que criar virtualidades e interatividade; promover as inteligências para facilitar a manipulação e experimentação destas ferramentas em todos os níveis hierárquicos, pois qualidade e segurança dos alimentos são conceitos intimamente ligados com a competitividade deste segmento da indústria nacional.

Referências

• CAC/RCP 1. (2003). CODEX ALIMENTARIUS. Recommended International Code of Pratice - General principles of food hygiene; incorporates Hazard Analysis and Critical Control Point (HACCP) system guidelines for its application (Rev. 4).
• CAMPOS, V. (1990). Gerência da Qualidade Total: estratégia para aumentar a competitividade da empresa brasileira. Rio de Janeiro: Bloch Editora.
• ISO/TS 22004:2005. (2005). Food safety management systems. Guidance on the application of ISO 22000:2006.
• KUME, H. (1993). Métodos estatísticos para melhoria da qualidade. São Paulo: Editora Gente.

[10] Failured modeand effects analysis.

Marcus Vinicius P. Oliveira

Laticinista e psicólogo organizacional. Especialista em Qualidade & Produtividade pela Fundação Carlos Alberto Vanzolini (USP). Trabalha há 16 anos como consultor e treinador nas áreas de sistemas de gestão de segurança dos alimentos, inteligência e melhoria de processos organizacionais, adotando uma metodologia baseada em abordagens existencialistas e técnicas da engenharia de produção. Foi diretor do Grupo de Qualidade Total da Associação dos Administradores de Pessoal, sendo eleito profissional destaque do ano em 2002, 2003 e 2004. É o idealizador da RÁDIO QUALIDADE 1002,7 e autor do livro de bolso "O passo além da competição" – Edição Liner. Ministra palestras e treinamentos sobre os temas: ISO 22000/2005, conscientização para a qualidade, formação de equipes de HACCP, mudanças organizacionais e motivação. É sócio-fundador da LINER CONSULTORIA.

Site: www.linerconsultoria.com.br
E-mail: marcus@linerconsultoria.com.br
Telefone: (11) 9279-8572

Anotações

16

Qualidade Total no turismo brasileiro

Em muitas regiões o turismo é, indiscutivelmente, o carro-chefe daquela economia. Para continuar crescendo e se tornar sustentável, o turismo deverá preservar seu patrimônio para as gerações futuras e para a comunidade que o embasa

Vininha F. Carvalho

Ser + com Qualidade Total

Vininha F. Carvalho

O turismo, como atividade econômica, busca o lucro, tendo como diferencial a valorização das premissas ambientais, sociais, culturais e econômicas conhecidas de todos nós. Para se tornar sustentável, deverá preservar o seu patrimônio para os sucessores ou mesmo para a comunidade.

Considerando que em Qualidade Total a satisfação do cliente deve ser nossa meta principal, os roteiros são elaborados através das Agências de Viagens, onde os consumidores irão desfrutar dos serviços de hotelaria, gastronomia, condutores, transportes, equipamentos, etc. todos oferecidos por profissionais devidamente habilitados para atuarem neste mercado. É o setor econômico que, cada dia mais, depende dos valores morais e éticos para sobreviver. A preocupação com respeito ao meio ambiente e a segurança dos turistas é fundamental para o fortalecimento desta importante atividade, alicerçada na qualidade do atendimento e na sustentabilidade.

O turismo responsável é aquele capaz de respeitar as características dos destinos trabalhados, sem transformar as comunidades visitadas em satélites desgarrados da cultura urbana. É necessário impedir a destruição da beleza da paisagem onde elas estão instaladas, ou a interferência no funcionamento dos meios de hospedagem por amadores, ou seja, locais fora do padrão estipulado pelo Ministério do Turismo. Os impactos mínimos na sociedade local precisam ser valorizados, mantendo distante tudo aquilo que possa impedir que o turismo responsável consiga se estabelecer, desenvolver e crescer de maneira profissional.

A cadeia produtiva do turismo é regida por regulamentos e critérios que permitem oferecer qualidade e segurança nos serviços prestados, visando atingir a excelência no atendimento, onde as ações devem ser consideradas como preventivas e não corretivas. Nessa linha de raciocínio, a capacitação dos colaboradores torna-se fator decisivo para o sucesso do negócio.

A padronização também está presente no segmento do turismo, na medida em que entrou em vigor neste ano de 2011 a portaria que institui o Sistema Brasileiro de Classificação de Meios de Hospedagem (SBClass). Com o novo modelo, que segue padrão mundial de referência para serviços turísticos, as estrelas voltam a ser o símbolo utilizado para indicar a categoria dos empreendimentos hoteleiros. A portaria define procedimentos e critérios para avaliação de sete tipos de hospedagem: hotel, *resort*, hotel-fazenda, cama e café, hotel histórico, pousada e *flat/apart*-hotel. Eles serão classificados em uma escala que varia de uma a cinco estrelas. O projeto é uma parceria do Ministério do Turismo com o Instituto Nacional de Metrologia,

Ser + com Qualidade Total

Normalização e Qualidade Industrial (Inmetro).

A Lei 8078/90 (artigo 37) define como propaganda enganosa qualquer modalidade que induza o turista ao erro, tanto no que diz respeito à natureza, característica, qualidade, quantidade, propriedades, origem e quaisquer outros dados sobre produtos e serviços.

Turismo é fluxo de pessoas, integração e alteração de costumes e modos de vida. É consumo da paisagem. Turismo é multidisciplinar e envolve geografia (uso do solo), economia (efeito na renda e no emprego, balança de exportações), ecologia (recursos naturais), história (patrimônio), sociologia (costumes e qualidade de vida), etc. Pode ser considerado como um fenômeno pleno da sociedade atual.

Turismo é trabalho de equipe. Cada profissional tem que opinar dentro da sua área, permitindo que aconteça o desenvolvimento sustentável, a implantação do sistema de qualidade e a redução de custo. A multidisciplinaridade permite que o profissional de turismo, para exercer com sucesso sua atividade, busque trabalhar em conjunto com outros profissionais, como biólogos, geógrafos, administradores, economistas, profissionais de marketing etc. É necessário ter uma visão do turismo baseada em quatro elementos: ambiental, econômico, social e cultural. Não pode haver um trabalho isolado. Deve-se promover o envolvimento da comunidade local, usando o bom senso, de maneira séria e responsável.

Fica evidente que a identidade do "fenômeno turístico", a meu ver, deve ser configurada cotidianamente no contexto da Qualidade Total, o que nos permite ressaltar as seguintes posturas:

1) **Competência:** capacidade de mobilizar, desenvolver e aplicar conhecimentos, habilidades e atitudes no desempenho do trabalho e na solução de problemas para gerar os resultados esperados. Um hábil administrador nos inúmeros campos profissionais, no convívio com as equipes multidisciplinares, sabe pedir o apoio de áreas afins, buscando entender o turismo em sua totalidade histórica e humanista.

Conhecer cartas e mapas, escalas, curvas de nível e técnica de orientação com uso de bússola. Conhecer a legislação ambiental e técnicas de condução de grupo em ambiente natural, condicionamento físico e dimensionamento de esforço (trecho originalmente colocado em "Seriedade").

2) **Criatividade:** entender que os clientes são pessoas expostas diuturnamente ao estresse da vida atual é, sem dúvida, um fator decisivo para prestar o melhor serviço. A capacidade para promover

a integração com o meio ambiente, criando situações onde o turista possa experimentar a natureza de forma prazerosa, além de dispor de conhecimento que permita informar sobre cultura, história, flora, fauna, clima, particularidades e curiosidades da região, promove a educação ambiental através de técnicas de interpretação da natureza, correlacionando com hábitos urbanos, evitando impacto ambiental acima do suporte de carga permitido.

3) **Segurança:** é necessário saber promover o bem-estar e garantir a integridade física dos turistas, combinando com o grupo regras de convívio, viabilizando atividades de entretenimento, lazer e integração. É importante criar relações positivas, manter a motivação e o interesse na programação, dimensionar os passeios, escaladas e paradas, observar sinais de desgaste, recomendar alimentação e vestuário adequados às atividades, indicar locais para banhos e necessidades fisiológicas.

4) **Organização:** elaboração do roteiro de maneira criteriosa, confirmando os serviços de apoio, garantindo a possibilidade de comunicação, providenciando transporte especial, garantindo o cumprimento da programação, providenciando alimentação de parada/percurso e acomodação, providenciando materiais e equipamentos necessários, mantendo em ordem a pasta com documentação da agência, ficha médica e termo de responsabilidade, aceitando as condições do roteiro, informando chegada, elaborando relatório e registrando ocorrências.

5) **Planejamento:** antecipar todas as situações que envolvem a satisfação do cliente, tais como a divulgação de opções de interesse turístico, sugerir outros roteiros, recomendar pontos de compras e passeios adicionais. Orientar o motorista indicando roteiros, horários e pontos de parada. Alertar sobre aspectos de segurança, conforto e velocidade adequada ao passeio. Ajustar roteiros, o que pode incluir: alterar atividades e programação considerando as vias de acesso e as condições climáticas, segurança e horários, redefinir trajeto e pontos de parada. Assegurar a satisfação dos clientes, o que pode incluir: observar a satisfação dos turistas, receber reclamações e sugestões, solucionar problemas e conflitos, indicar melhores posições para fotos e filmagens, apoiar idosos, crianças e pessoas com necessidades especiais estabelecendo paradas específicas. Dominar roteiros de excursões em ambiente não urbano, o que pode incluir: demonstrar capacidade para conduzir grupos de turistas por percursos que incluam recepção, traslado e pernoite.

6) **Seriedade:** fazer cumprir as normas e disposições para preservação do ambiente em termos de flora, fauna, ecologia,

Ser + com Qualidade Total

geografia física e limites para suporte de carga. Ser ético ao recomendar pontos de compras ou passeios adicionais.

7) **Empreendedorismo:** buscar o progresso, inovar, assumir riscos. Com relação ao empreendedorismo, estudos realizados identificaram a capacitação como uma necessidade imediata no atual cenário do turismo. É necessário conhecer as técnicas de entretenimento, lazer, integração e estratégias de solução de conflitos, além de conhecer técnicas de venda e ser uma pessoa líder, controlada, prática, dinâmica e ativa.

Ser empático e expressivo na comunicação, argumentar com lógica, de maneira clara e articulada, sem vícios de linguagem. Ser uma pessoa tranquila e segura, que mantém o equilíbrio emocional para administrar situações constrangedoras ou de emergência. Criar alternativas de emprego e de oportunidades de renda para as comunidades locais.

8) **Profissionalismo:** sólida formação crítica, permitindo que a pessoa entenda politicamente a formação de sua categoria enquanto organização política e sindical. Saiba lutar por um turismo autossustentável, que preserve o ecossistema e os interesses nacionais no campo econômico, cultural e político, apoiando a conservação das áreas visitadas através da geração de benefícios econômicos para as comunidades hospedeiras.

Aperfeiçoar as pessoas é o caminho para atingir a Qualidade Total no atendimento. Ao definirmos as metas a serem atingidas, o retorno positivo será uma consequência, já que conseguiremos realizar as tarefas da forma mais eficiente e com a eficácia desejada, permitindo aumentar a produtividade e satisfazer as necessidades do cliente.

Vininha F. Carvalho

Jornalista, administradora de empresas, economista e ambientalista. Coordena editorias de Turismo e Meio Ambiente em veículos da mídia impressa e eletrônica. Editora do *Portal Revista Ecotour* e presidente da Fundação Animal Livre. Atuante em entidades e projetos com enfoques social e ambiental. Diretora de *Marketing* da Rede Del Valle de Hotéis. Reconhecimento da Assembleia Legislativa de São Paulo pelo trabalho desenvolvido na *Revista Ecotour*. Recebeu o Voto de Louvor do Conselho Regional de Medicina Veterinária do Estado de São Paulo pelo trabalho desenvolvido em prol do bem-estar animal. A *Revista Ecotour* participou do evento realizado pela Câmara de Comércio, em Salvador, por ocasião da Festa do Brasil 500 anos, sendo o veículo de Turismo oferecido às autoridades presentes, inclusive os representantes estrangeiros. A Força Áerea Brasileira concedeu-lhe a Comenda de Membro Honorário da Força Áerea Brasileira.

Sites: www.revistaecotour.com.br; www.animalivre.org.br
E-mail: vininha@vininha.com

Anotações

17

A importância de apoiar o crescimento dos colaboradores para o sucesso da empresa

Explorar as novas formas de aprendizado, consolidar o conhecimento, entender as pessoas, estimular o relacionamento saudável entre as gerações sem perder o foco no objetivo da organização é fator de sucesso e desafio para as lideranças e para a área de treinamento e desenvolvimento

Malu Monteiro

Ser + com Qualidade Total

Malu Monteiro

O ato de ler e escrever deu ao homem a possibilidade de expressar seus pensamentos e ideias através dos tempos, as quais podem tornar-se eternas. Suas ideias são motivo para discussões e estudos e daí pode resultar uma nova forma de processo, pensamento e metodologia.

No processo de aprendizado de cada ser, suas experiências poderão ou não validar o novo conhecimento. Um processo ou método aplicado em um local, não terá o mesmo resultado se aplicado em outro, pois o cenário é diferente e o capital humano também, mas a forma como vivenciamos nos dá subsídio para prever resultados e interferências, e as experiências de todos contribuem para o sucesso do que pretendemos atingir como resultado, contudo, se não chegarmos lá, ainda assim estamos em um cenário controlado, pois os processos ou metodologias já foram testados e as melhores práticas, observadas.

Abrir-se para novos conhecimentos, para a reciclagem dos conhecimentos adquiridos e sua aplicabilidade é um dos desafios do século XXI, portanto, trocar ideias e informações valoriza o capital humano de uma companhia e caminha rumo ao cumprimento de sua missão, valores e posicionamento do mercado globalizado e altamente competitivo.

O conhecimento, quando disseminado, favorece os processos de mudança e de aperfeiçoamento. Outro grande desafio que se apresenta é não mais a divisão do trabalho, mas fazer toda a organização funcionar. O capital humano carrega uma carteira histórica de vivências e o esperado é que a levemos como contribuição para os objetivos da empresa, juntamente com nosso conhecimento acadêmico.

Neste século surgiram denominações para classificar os profissionais. Conhecemos classificações como "*baby boomers*" ou "*young boomers*", gerações X, Y e, no momento atual, Z.

Numa linha do tempo, em uma classificação interpretativa, livre de alguns estudos de especialistas da área de desenvolvimento de competências, os profissionais das diversas gerações podem apresentar as seguintes características:

Geração "*young boomers*" ou "*baby boomers*"
  Cronologia (estimada):
  • Nascidos de 1954 até 1964 - filhos de pais que viveram a 2ª Guerra Mundial
Características:
  • A Liderança: sinônimo de comando e controle;
  • Valores: lealdade à empresa em que trabalham;
  • Compromisso com a missão da empresa;
  • Qualidade de vida: preocupam-se pouco;
  • Foco em resultados;
  • Educados para competir;
  • São tachados como resistentes às mudanças;
  • A experiência pode ser sua principal aliada;
  • Pensam que a empresa é responsável por eles e contaminam seus filhos com este pensamento;

Ser + com Qualidade Total

Geração X
Cronologia (estimada):
- Nascidos entre 1965 e 1977 – filhos dos *young-boomers*, profissionais que trabalhavam muito e tinham pouco tempo para eles;

Características:
- Instituições tradicionais – pouco vínculo;
- Maior grau de independência;
- Empreendedores;
- Foco em mais resultados;
- São responsáveis pela própria carreira;

Geração Y
Cronologia (estimada):
- Nascidos entre 1978 e 1994 – filhos da geração X;

Características:
- Ainda mais independentes;
- Nasceram em contato com a internet;
- Voltados ao aprendizado;
- Possuem engajamento social;
- Desenvolvem várias tarefas simultaneamente;
- Odeiam controle e burocracia;
- Lealdade: não cultivam uma só empresa;
- São mais preocupados com questões ligadas ao meio ambiente e à diversidade;
- Voluntariado: são mais adeptos;
- Fascinados por responsabilidades e desafios;
- Buscam autonomia profissional;
- Flexibilidade;
- Liderança: não reconhecem a liderança hierárquica;

Geração Z (origem em "zapear")
- Nascidos em meados dos anos 90;

Características:
- Se desenvolveram junto com a tecnologia;
- Habilidades com eletrônicos e velocidade da informação é um processo natural;
- Possuem expectativas corporativas similares às suas: velozes, globais conectados, abertos ao diálogo;
- Não querem perdurar em uma organização;
- Estão sempre em busca de novidades;
- Tendem a trabalhar por projetos;

    As características elencadas não devem ser tomadas como uma verdade absoluta, mas como um ponto de partida para uma reflexão sobre toda uma geração de profissionais.
    A qual geração mais se assemelha o seu perfil?

Quais destas características você possui?

O que cada uma das características pode adicionar ao seu crescimento pessoal e profissional?

Qual pode ser o efeito deste reconhecimento de características em você e nos outros?

As empresas precisam reinventar sua forma de administrar para conseguir agregar os diversos tipos de profissionais, criando um clima que favoreça a troca de conhecimento entre as gerações.

Quanto mais avançamos no estudo das diversas teorias administrativas, mais evidente fica a importância da valorização do homem para que se consiga seu comprometimento em relação aos objetivos da organização. É impossível compreender um processo evolutivo, com qualidade, se ele não ocorrer de uma forma integrada entre homem e organização. Não se pode pensar em gestão pela Qualidade Total sem conhecer os princípios de Deming.

William Edwards Deming, um dos "gurus" mais respeitados na Gestão da Qualidade, escreveu 14 princípios sobre o tema. Seus princípios serão úteis se conhecidos por todas as empresas, independente de estarem implantando a Qualidade Total. Destaco, no recorrer desta literatura, alguns princípios que estão diretamente ligados às questões de trabalho, relacionamentos e objetivos, que contribuem para uma gestão mais eficaz em todos os departamentos da organização. O terceiro princípio destaca a importância de encorajar o colaborador a aprender mais sobre os processos em que está envolvido. É necessário estar atento para o sexto princípio, que diz que a empresa deve fornecer treinamento no local de trabalho, enquanto o princípio de nº 13 diz que as empresas devem estabelecer um programa rigoroso de educação e autoaperfeiçoamento para todo o pessoal. Desta forma, contribuir para o crescimento dos colaboradores é papel das empresas, independente do seu porte ou do seu segmento, e este apoio precisa estar alinhado ao negócio. A seleção de colaboradores é um passo importante para uma contratação adequada. Muitos líderes estabelecem um perfil acima do necessário para o desenvolvimento da função.

Este é um momento diferente das relações humanas no trabalho. Jovens não podem desprezar a história dos que construíram as organizações, dos líderes que criaram metodologias e processos consagrados de gestão, e "sêniors" não podem desprezar o potencial criativo e plural dos mais jovens. Nada é mais democrático do que unir forças e construir um novo modelo de trabalho.

Os gestores de treinamento e desenvolvimento podem, através desta diversidade de comportamentos, sugerir programas interdisciplinares, aproveitando o conhecimento, a experiência, a ousadia e a flexibilidade das gerações.

As redes sociais podem ser uma maravilhosa fonte de aprendizado, já que as empresas exploram estes meios para se conectar com seus clientes. Assim, as gerações podem interagir trocando conhecimentos e experiências entre si.

Ser + com Qualidade Total

O apoio para o crescimento profissional dos colaboradores pode vir através de novas formas de educação, como a educação a distância, que hoje, por ser uma ferramenta moderna de conectividade, pode ter seu conteúdo construído a partir da necessidade da empresa e ser disseminado respeitando a agenda pessoal do colaborador.

Estimular a evolução intelectual dos colaboradores é encorajar o intraempreendedorismo, a busca de novas soluções e, sobretudo, incentivar a prática da formação continuada. Tal prática faz com que o olhar do colaborador busque uma visão sistêmica dos processos e do negócio.

Outra forma de estimular a capacitação é utilizar-se de profissionais multiplicadores. Tais profissionais são responsáveis dentro das organizações por disseminar o conhecimento, a tecnologia, as melhores práticas. A vantagem deste recurso é que o multiplicador conhece o negócio, sabe da importância daquele conhecimento para o time ou projeto a ser desenvolvido e, na maioria das vezes, sente orgulho por estar nesta posição. Em contrapartida, os treinandos podem ter acesso ao colega multiplicador para esclarecer pontos duvidosos ou buscar informações complementares.

Deming (1990) preconiza eliminar as barreiras entre os departamentos (princípio nº 9), motivando as pessoas a trabalhar em equipe, para que cada um se preocupe com o trabalho do outro, visando o objetivo comum. O capital humano é o maior patrimônio de uma empresa, não importa se o time vai de *"boomers"* a "Z", o que realmente importa é o comprometimento da companhia com a missão do negócio. Estes profissionais precisam buscar a evolução profissional sob dois aspectos: comportamentais (relacionamento e liderança) e técnicos (conhecimento para o negócio); a empresa pode e deve estimular e investir em treinamentos, mas se a tendência do mercado é caminharmos para o trabalho por projetos, a formação continuada administrada pelo próprio colaborador pode ser o novo elemento para a renovação da administração. Nos tempos contemporâneos, o que seria renovar a administração e a forma de gerir pessoas?

Para Deming, gerenciar sem pensar no futuro acarreta em perda de mercado, seguida de perda de empregos. Em seu 14º princípio ele diz que "transformar é tarefa de todos".

De uma maneira geral, o mundo organizacional está mais adaptado às novas gerações, e estas, às organizações. Quanto às pessoas, os bons profissionais estão sempre sintonizados com o mercado, atentos aos movimentos de evolução. Surgem novas empresas, novos profissionais, novos formatos de negócios e a motivação para o trabalho e desenvolvimento profissional nunca saíram de cena. É mesmo um mundo reciclável e o que vai alavancar os negócios são as oportunidades, a ousadia, a tecnologia, a melhoria contínua e as pessoas, como nos velhos tempos.

Malu Monteiro

Personal & Professional Coaching certificada pela Sociedade Brasileira de *Coaching*. Consultora na área de Gestão Empresarial. Professora universitária. Responsável pela gestão e desenvolvimento de treinamentos na área de TI e qualificação profissional nas diversas áreas do conhecimento para mais de 3.500 profissionais. Como executiva, desenvolveu trabalhos na área financeira, tecnológica e da educação profissional.

Site: www.malumonteiroppc.com.br
Telefones: (11) 9678-3271 / (11) 3142-9263

Anotações

O papel da liderança no caminho da Qualidade Total

Este artigo tem como objetivo pôr em evidência o papel da liderança no sentido de contribuir para a implementação de técnicas, metodologias e práticas para condução da Qualidade Total. Oferece também uma reflexão sobre algumas armadilhas que podem neutralizar ações que objetivam a qualidade e as mudanças. Para finalizar, destaca a possibilidade de incorporar o *Coaching* na liderança para alcançar excelência organizacional tendo como foco as pessoas

Douglas de Matteu

Ser + com Qualidade Total

Douglas de Matteu

O presente livro condensa um magnífico repertório de técnicas e metodologias que pode vir a potencializar a qualidade das organizações. A busca pela qualidade é um tema amplo, denso e complexo. Dentre as inúmeras variáveis que devem ser consideradas para a Qualidade Total, destaco aqui talvez uma das mais complexas de todas: as pessoas, em especial a figura da liderança na implementação da qualidade no ambiente organizacional. Metaforicamente, podemos pensar no líder como um maestro que deverá dar o "tom" e orquestrar a condução de procedimentos, normas e modelos de qualidade ou, mais do que isso, tem que sensibilizar e mobilizar as pessoas a acreditarem e praticarem a qualidade como um "mantra" cotidiano.

Diante do exposto, te convido a acreditar que o alicerce básico da qualidade vai além de procedimentos, normas, metodologias e técnicas. O cerne da questão está nas pessoas. Foram pessoas que criaram todos os princípios de qualidade e são nelas que devem ser centralizados os esforços no sentido de praticar a qualidade.

Para alcançarmos patamares elevados de qualidade, precisamos primeiramente sensibilizar, mobilizar e instrumentalizar os colaboradores, ou seja, as pessoas precisam estar sensíveis à causa, acreditar nos benefícios que a mesma pode oferecer para a organização e para as pessoas. Movimentando-se pela causa, precisam também de treinamentos e/ou meios para conseguirem operacionalizar, aplicar os princípios, normas e procedimentos para a Qualidade Total.

Logo, o papel da liderança torna-se fator crítico para o sucesso de qualquer política de Qualidade. Dentre os desafios da liderança, destacam-se quatro armadilhas da mente humana que devem ser vencidas: "o conformismo", "o coitadismo", "o medo de reconhecer os erros" e o "medo de correr risco". (CURY, 2010)

As armadilhas elencadas podem neutralizar qualquer ação do líder e de sua equipe rumo à Qualidade Total. Convido você a acreditar que talvez a qualidade e a excelência comecem nos pensamentos das pessoas. Vejamos como cada uma delas afeta a qualidade:

O conformismo: a resposta mais fácil para os desafios da vida, denominada como "a arte de se acomodar, de não reagir e de aceitar passivamente as dificuldades" (CURY, 2010, p.48). Esse comportamento defensivo freia os processos de mudança e desenvolvimento que as metodologias e ferramentas da qualidade podem trazer para a instituição. O conformismo resulta numa interminável lista de desculpas e motivos para não implementar treinamento, melhores práticas, entre outras.

O coitadismo: representa o alto nível de conformismo, "é a arte de ter compaixão de si mesmo" e mais, "ele vai além do conformismo

Ser + com Qualidade Total

que não é capaz, ele entra na esfera da propaganda do sentimento de incapacidade" (CURY, 2011 p.53). Este comportamento de disseminar "sou lerdo mesmo", "não consigo fazer nada direito", "não tenho capacidade de fazer isso" é severamente nocivo para a pessoa e para o ambiente organizacional. Geralmente, pessoas assim são avessas à mudança, pessimistas e passivas diante da vida. Consequentemente, tal atitude torna-se uma fuga para implementar qualquer processo que resulte em mudanças.

O medo de reconhecer erros: dentre as inúmeras definições de Qualidade, recordo-me da "ausência de erro". Realmente a Qualidade busca evitar ou minimizar os erros ou as não conformidades, porém, a reflexão instalada aqui não está em processos, métodos ou produtos, a questão aqui são as pessoas, e talvez nem sempre o erro deva ser tratado como um pecado mortal em que o pecador deverá ser severamente punido. É fato que mais inteligente é aprender com o erro dos outros. Talvez, esse medo exacerbado de errar e ser sumariamente condenado pode afetar os comportamentos, principalmente a capacidade de ousar e inovar.

Sugiro considerar que errar é humano e aprender a reconhecer os erros e encará-los como oportunidade de aprendizado é um ato de sabedoria. Esse medo de reconhecer os erros pode conduzir a uma fuga de responsabilidade e alcançar a quarta armadilha.

O medo de correr riscos: o medo pode ser um dos nossos piores inimigos ou nosso amigo e professor, ou seja, como inimigo pode nos neutralizar, congelar e nos levar à inércia. Como professor, pode nos permitir refletir e desenvolver a capacidade de gerenciar o medo, não de ser uma pessoa ausente de medo, mas que saiba enfrentar os medos com cautela e transformá-los em oportunidade de desenvolvimento. Imagine um funcionário que trabalhe com uma guilhotina de papel e que não tenha nenhum medo das lâminas, o que poderá resultar em um grave acidente, porém, não adianta também ele ter um medo exacerbado, elevado, que impossibilite o seu trabalho. O ideal seria considerar o risco/medo e gerenciá-lo, buscando o melhor modo de trabalhar onde consiga convergir segurança, qualidade e produtividade.

As quatro armadilhas sinalizadas podem paralisar o ser humano e impactar severamente na implementação da Qualidade, inclusive em um dos conceitos que mais admiro na qualidade e incorporo no meu cotidiano, o *Kaizen*, ou seja, a melhoria contínua. Para podermos melhorar a cada dia, devemos vencer o conformismo e o coitadismo. Assumir que possuímos a capacidade de escrever a nossa própria história. Precisamos reconhecer nossos erros, pois esse é o primeiro passo para corrigi-los. E gerenciar o medo, assumindo o controle da vida e assumindo os riscos. Pois os riscos devem ser analisados, calculados sistematicamente com o objetivo de minimizá-los.

Recomendo que a Qualidade Total, tão almejada no contexto organizacional, deva ir além de normas e procedimentos, precisando, talvez, começar com a qualidade dos nossos pensamentos. A mente humana tem capacidade imensa e necessita ser gerenciada.

Nesse sentido, vamos refletir sobre os comportamentos do líder, conforme o estudo realizado pela *Ken Blanchard Companies* (2006), com 1.400 líderes, que sinalizou três habilidades críticas e necessárias para a liderança, sendo elas: comunicação, gestão eficaz das pessoas e empatia (KRAUSZ, 2007).

Isso evidencia a necessidade de o líder ser um bom comunicador e conseguir ter empatia, ou seja, colocar-se no lugar dos outros além da capacidade de gerir pessoas.

Outro dado relevante é a pesquisa de McKinsey (2006) com líderes e profissionais de Recursos Humanos, que destaca os comportamentos mais comuns dos líderes: 82% não fornecem um *feedback* adequado, 81% não ouvem as pessoas em decisões que as afetam diretamente, 76% não usam o estilo de liderança adequado para pessoas, tarefa ou situação (excesso ou falta de supervisão), 76% não estabelecem metas e objetivos claros e 59% não treinam ou desenvolvem o seu pessoal (KRAUSZ, 2007).

Como foi evidenciado pelas pesquisas, a liderança ainda se mostra como uma variável sensível, que precisa ser potencializada. Como vamos alcançar a excelência sem comunicação, tanto no dar *feedbacks* como também no sentido de receber os *feedbacks*, ou seja, ouvir e falar com as pessoas? O líder contemporâneo precisa desenvolver a sensibilidade de conseguir lidar com o complexo.

As situações organizacionais nos levam ao confronto com várias adversidades e, principalmente, a lidar com pessoas singulares, isto é, precisamos estar aptos para gerenciar os nossos sentimentos e pensamentos, além de usar os diversos estilos de liderança para cada situação e/ou equipe.

Em especial no que tange ao relacionamento com as pessoas, com clareza no estabelecimento e comunicação das metas e no desenvolvimento de sua equipe.

Talvez o gerenciamento eficaz de pessoas comece pelo gerenciamento de nós mesmos, seja no sentido de reconhecermos nossos comportamentos ou buscar a excelência no nosso modo de liderar. Nesse sentido, destaco como alternativa um modelo de liderança calcado no *coaching* para alcançar a excelência.

De acordo com Rosa R. Krausz "*Coaching* é um tipo especial de colaboração que expande a consciência e a aprendizagem, permitindo a obtenção de resultados com menos esforço e em menos tempo" (KRAUSZ, 2007, p.28).

Conforme destacado pela autora, o *Coaching* possibilita a expansão da consciência e o aprendizado, o que vai ao cerne da questão da Qualidade. Um dos maiores desafios que os líderes da qualidade enfrentam é o despertar da consciência dos seus liderados frente à necessidade constante de mudanças e da qualidade e produtividade em um contexto total da organização.

O processo de *Coaching* integra os conhecimentos de diversas ciências com o objetivo de levar o indivíduo a alcançar excelência. O *Coaching* possibilita o desenvolvimento humano, fornecendo o foco necessário e a motivação para mobilizar e realizar as ações que conduzam para o resultado almejado.

Nesse processo, considera-se o desenvolvimento de competências técnicas, emocionais, psicológicas e comportamentais focadas na elevação do desempenho humano e, consequentemente, da organização. O processo fornece foco necessário e contribui para a clarificação de suas motivações pessoais, além de favorecer uma clara apreciação de suas crenças e valores. Essa ponderação mental permite o despertar da conscientização de si mesmo, bem como o reconhecimento de suas responsabilidades frente aos resultados organizacionais e pessoais.

O *Coaching* apresenta-se como alternativa para o profissional da Qualidade no sentido de possuir ferramentas e perguntas poderosas que podem contribuir para a Qualidade Total das pessoas e das organizações.

Para concluir, espero que, no leitor, fique a intenção positiva de cada palavra aqui inscrita. Que cada um consiga visualizá-las, ouvi-las e senti-las. Mais do que isso, te convido a acreditar que, talvez, com os referenciais de Qualidade atrelados à postura do líder e às técnicas *Coaching*, poderemos cocriar, ao conscientizar e desenvolver pessoas e organizações rumo à excelência.

Bibliografia
CURY, A. O código da Inteligência e a excelência emocional. Rio de Janeiro: Thomas Nelson Brasil, 2010.
KRAUSZ, R. R. Coaching Executivo: A conquista da liderança. São Paulo: Nobel. 2007.
GOLEMAN, D. Inteligência Emocional. Rio de Janeiro: Objetiva,1995.
HUNTER, J. C. O Monge e o Executivo: uma história sobre a essência da liderança. 18ªed. Rio de Janeiro: Sextante, 2004.
MARQUES, J. R. Professional Self-Coaching. IBC, 2011.
MARQUES, J. R. Business and Executive Coaching. IBC, 2011.
MAXIMIANO, A. C. A. Fundamentos da Administração. 2° Ed. São Paulo: Atlas, 2007.

Douglas de Matteu

Mestre em Semiótica, Tecnologias da Informação e Educação, especialista em Marketing e em Educação a Distância, pós-graduando em Gestão de Pessoas com *Coaching*, Bacharel em Administração de empresas, formado em Marketing e Promoção de Vendas. *Professional Self Coach* e *Business and Executive Coaching* pelo Instituto Brasileiro de *Coaching* com reconhecimento internacional pelo *ICI – International Association of Coaching Institutes, ECA – European Coaching Association e GCC – Global Coaching Community.* Docente na Fatec de Mogi das Cruzes, Universidade de Mogi das Cruzes, Faculdade Unidade de Suzano - UNISUZ e em cursos de pós-graduação. Coordenador do Grupo de Ensino e Pesquisa em Liderança e Coaching - GEPLICO da FATEC-MC. (Blog http://geplico.blogspot.com/).Presidente da Associação Brasileira dos Profissionais de Marketing - ABPM. Atuante nas áreas de Administração, Marketing, Comercial e Desenvolvimento Humano/*Coaching*. Desenvolve treinamentos *in company*, palestras, *Coaching* e Consultoria. Coautor dos livros: Ser+ em Criatividade e Inovação, Ser+ em Vendas volume II, Ser+ em Gestão de Pessoas e do Manual Completo de Coaching pela Editora Ser Mais

Sites: www.douglasmatteu.com.br; www.abpmarketing.com.br
E-mail: douglasmatteu@hotmail.com
Blog: douglasmatteu.blogspot.com
Telefone: (11) 3419-0585

Anotações

19

Qualidade Total com *Coaching*

A Qualidade Total é construída e mantida exclusivamente por pessoas. Equipes de alta *performance* podem ser formadas e mantidas com as ferramentas de *"Team Coaching"* ou *Coaching* de Equipes

Fernando Santi

Ser + com Qualidade Total

Fernando Santi

A Qualidade é construída exclusivamente por pessoas. Nenhuma empresa oferece produtos ou serviços com qualidade se as pessoas que lá trabalham não estiverem comprometidas.

Uma meta é um objetivo previamente traçado, mas que para ser atingido deve-se ter um planejamento e um plano de ação que façam do objetivo uma consequência.

Coaching é um processo de aceleração de metas e objetivos. É uma metodologia onde o *coach* se compromete a apoiar e ajudar as outras pessoas para que estas possam atingir determinado resultado ou seguir determinado caminho.

É um processo que ativa as redes de cooperação, possibilitando que o capital humano (intelectual, emocional e operacional) circule livremente dentro da organização em prol de melhores resultados. É uma ferramenta para lidar com a diversidade, propiciando o máximo de proveito das similaridades e das diferenças. É utilizado com indivíduos e equipes de forma a despertar as potencialidades humanas.

O papel do *coach* é ser um facilitador de reflexões. Ele não dita o que fazer, mas aponta possibilidades de realizações. A vontade de se transformar é que vai criar a realidade de cada um.

Podemos utilizar o poder do *coaching* no ambiente empresarial com o foco na gestão e desenvolvimento de pessoas, buscando o alinhamento e a conscientização de cada um com os mais altos objetivos da empresa.

"Coaching é uma relação de parceria que revela e liberta o potencial das pessoas, de forma a maximizar o seu desempenho. É ajudá-las a aprender, ao invés de ensinar algo a elas."
(Timothy Gallwey, o pai do *coaching*)

O *coaching* é utilizado nas empresas para:

- **Melhoria do desempenho funcional;**
- **Desenvolvimento de competências e habilidades;**
- **Aprendizado e obtenção de conhecimento;**
- **Aplicabilidade do conhecimento;**
- **Diagnóstico e resolução de problemas;**
- **Criatividade e inovação no trabalho;**
- **Foco na aprendizagem das pessoas, com uma abordagem educacional e pedagógica.**

O *Coaching Group* ou *Coaching* de Equipes funciona como se fosse uma reunião, mas sem que seja de fato. O objetivo é identificar o estado atual de cada indivíduo e da equipe como um todo para, por meio disso, definirmos as ações e tarefas que levarão o grupo ao estado desejado e, com isso, ao alinhamento da equipe rumo à realização dos objetivos da empresa.

Inicialmente, vamos identificar como cada indivíduo está em relação

Ser + com Qualidade Total

à equipe e onde cada um precisa melhorar. Para isso vamos utilizar as ferramentas abaixo:

Roda das Equipes

A Roda de Equipes dará ao *coach* uma visão individual e ao mesmo tempo ampla da situação atual em relação à equipe. Para isso, solicite que cada membro classifique de 0 a 10 os itens abaixo conforme a sua percepção imediata:

RODA DAS EQUIPES

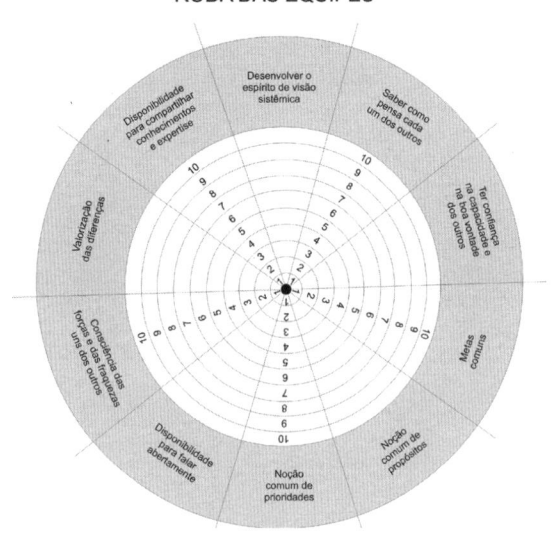

- Saber como pensa cada um de sua equipe:
  Como está a sua capacidade de saber o que o outro pensa?
- Ter confiança na capacidade e na boa vontade de sua equipe:
  Você conhece e confia em sua equipe?
- Metas comuns:
  O quanto você acredita que tem metas comuns com os membros da sua equipe?
- Noção comum de propósitos:
  Vocês têm os mesmos propósitos?
- Noção comum de prioridades:
  O que você pensa e prioriza é o que sua equipe pensa e prioriza?
- Disponibilidade de falar abertamente:
  Você é claro, confiante e aberto com sua equipe? Fala o que pensa e sente?
- Consciência das forças e das fraquezas uns dos outros:
  O quanto você vê e enxerga o potencial e as fraquezas dos outros?
- Valorização das diferenças:
  O quanto você consegue transformar confiança em poder?
- Disponibilidade para compartilhar conhecimentos e expertise:
  Você tem medo de transmitir informações e experiências e ser superado?

• Desenvolver o espírito de visão sistêmica (ser o todo, o tudo e as partes):
Qual a capacidade de ser o centro da evolução do pensamento, de semear, plantar e desenvolver um pensamento sistêmico na sua equipe?

Após a realização desta avaliação, teremos detectado o estado atual da sua equipe. Em seguida, identifique qual ponto de maior valor pode ser utilizado para desenvolver pontos de menor valor e, desta forma, obter resultados de alta *performance* na vida de cada indivíduo e na equipe como um todo.

Isso será a nossa alavancagem: utilizar o que temos de melhor para potencializar aquilo que precisa ser melhorado.

A próxima etapa é perguntar a cada membro o que ele aprendeu com isso. Por meio da resposta de cada um, determine uma tarefa para abrir o caminho rumo ao estado desejado com questionamentos do tipo: "O que você se permite fazer agora com esse aprendizado?".

Roda da Qualidade Total

A gestão e o desenvolvimento das pessoas e dos processos de qualidade total são fundamentais para o desenvolvimento e o crescimento de uma empresa eficiente e segura.

Da mesma forma que a Roda das Equipes é utilizada para identificar e sincronizar as equipes na sua empresa, podemos utilizar a ferramenta "Roda da Qualidade Total" para identificar pontos que deverão ter mais atenção e desenvolvimento nesta área.

Você pode aplicá-la na sua organização da mesma forma que aplicou a Roda das Equipes, conseguindo assim resultados surpreendentes:

RODA DA QUALIDADE TOTAL

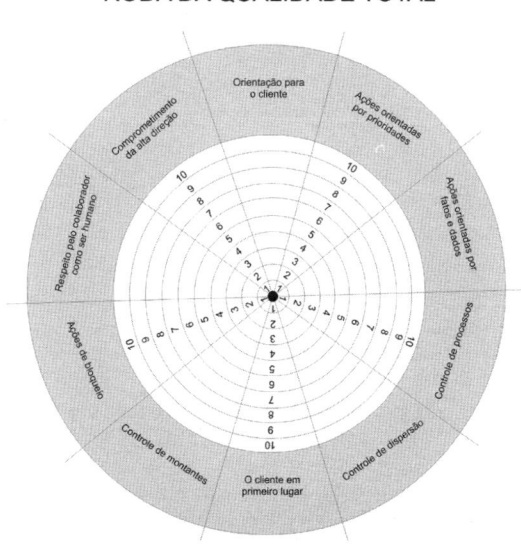

Ser + com Qualidade Total

- Orientação para o cliente:
Quanto sua empresa produz e fornece serviços que sejam definitivamente solicitados pelo consumidor?
- Ações orientadas por prioridades:
Sua equipe identifica os problemas mais críticos e os soluciona por ordem de prioridade?
- Ações orientadas por fatos e dados:
Os gestores e a equipe falam, pensam e decidem com dados e embasamento em fatos?
- Controle de processos:
A empresa é controlada por resultados durante o processo? O resultado final é tardio para se tomar ações corretivas?
- Controle da dispersão:
Os gestores observam cuidadosamente a dispersão dos dados e isolam a causa fundamental dessa dispersão?
- O cliente em primeiro lugar:
O seu cliente, quem gera o lucro da empresa, tem suas necessidades plenamente satisfeitas? Recebe somente produtos de alta qualidade?
- Controle de monte:
A prevenção de falhas e erros é feita no maior número de produtos ou serviços possíveis?
- Ação de bloqueio:
São tomadas ações preventivas de bloqueio para que o mesmo problema não ocorra outra vez pela mesma causa?
- Respeito pelo empregado como ser humano:
Existe respeito pelos empregados como seres humanos independentes? Existe padronização das tarefas individuais? Educação e treinamento? Delegação de tarefas? Existe um programa de desenvolvimento pessoal na empresa?
- Comprometimento da alta direção:
É amplamente divulgada a definição da missão e visão da empresa? A estratégia da alta direção e suas diretrizes e metas são propagadas a todos os gestores e líderes?

Após aplicar as duas ferramentas, você conseguirá ter uma visão ampla dos pontos fortes e dos pontos de melhoria a serem potencializados. Com a aplicação sistemática de tarefas, você conseguirá desenvolver as habilidades de sua equipe, além de atuar de forma ativa, segura e eficiente na gestão da Qualidade Total.

Fernando Santi

Fernando Santi atua potencializando indivíduos, líderes, gestores, equipes e colaboradores. Conduz cada pessoa de forma a encontrar e viver sua autenticidade e a utilizar suas melhores características comportamentais para alcançar resultados de excelência na vida profissional, empresarial, familiar, sentimental e espiritual. Realiza isso por meio de palestras, treinamentos e *coaching*. Graduado em Ciências da Computação, apaixonou-se por Programação Neurolinguística, Linguagem Ericksoniana e Neurociências, especializando-se em Gestão de Pessoas com *Coaching* e Análise Comportamental pelo GCC. Em suas palestras e *workshops* vivenciais utiliza histórias, psicodramas, analogias e arquétipos como forma de conduzir os participantes a uma experiência profunda e transformadora, aumentando de maneira natural e positiva a interação entre as pessoas e seu ambiente.

Site: www.fernandosanti.com.br
E-mail: contato@fernandosanti.com.br
Telefones: (11) 4063-7321 / (21) 4063-3278 / (24) 9229-3260

Anotações

20

Seis σ (sigma):
a metodologia "faixa preta" da Gestão da Qualidade

Por meio deste artigo, objetivou-se, inicialmente, discorrer sobre as origens e a conceituação das principais características e diferenciações das metodologias utilizadas pelo Seis Sigma no processo evolutivo na história da Gestão da Qualidade, bem como, ao final, apontar suas principais vantagens e benefícios no cotidiano das organizações que desejam elevar os padrões de qualidade de seus produtos e serviços com foco nas necessidades do cliente final

Adriano César Rosa da Costa

Ser + com Qualidade Total

Adriano César Rosa da Costa

Origens e conceituação do Seis Sigma

Sinônimo de qualidade, a letra grega sigma (σ) que integra o nome da metodologia, também representa uma de suas principais características: o uso da estatística para redução máxima da variabilidade de um processo de produção industrial ou na prestação de um serviço.

Sigma é a letra grega utilizada pela Estatística para representar o desvio padrão, ou seja, a variabilidade de um conjunto de dados. Na área de qualidade, o sigma também é uma medida de variabilidade, porém é utilizada para apontar quanto o grau de conformidade de um produto ou serviço acompanha os requisitos do cliente. Assim sendo, quanto maior for o nível sigma de um produto ou serviço, melhor ele será, pois apresentará quase nenhuma variabilidade, ou melhor, quase nenhum defeito.

Foi com esse intuito que, na década de 1980, a metodologia foi criada na Motorola. Num cenário de elevada concorrência com produtos estrangeiros de melhor qualidade e de baixo preço, a Motorola enfrentou o desafio de melhorar sistematicamente os seus processos e praticamente eliminar os defeitos (não conformidade com suas especificações) de seus produtos. Desde então, além da Motorola, várias organizações do mundo todo como GE, DuPont, Allied Signal, Asea Brown Boveri, Black & Decker, Bombardier, Dow Chemical, Federal Express, Johnson & Johnson, Kodak, Navistar, Polaroid, Seagate Technologies, Siebe Appliance Controls, Sony, Toshiba, dentre muitas outras, vêm utilizando essa metodologia em seu cotidiano.

Todavia, convém ressaltar que, sob essa metodologia, a qualidade não é considerada em sua forma tradicional, ou seja, como uma simples conformidade às normas e requisitos da organização. Ela é um valor agregado ao produto ou serviço por meio de um amplo esforço de produção com vistas ao atingimento tanto dos requisitos do cliente, em primeira instância, quanto aos objetivos definidos no planejamento estratégico organizacional.

Apesar da metodologia Seis Sigma estar fundamentada em conceitos científicos e no uso disciplinado dos fatos, dos dados e de análises estatísticas, é engano supor que se trate apenas disso. Não. Em última instância, promove a melhoria da liderança e instaura a cultura da melhoria contínua.

Dessa forma, a metodologia Seis Sigma pode ser considerada uma ferramenta de gestão empresarial direcionada para melhorar a lucratividade de qualquer empresa, independentemente de seu porte, promovendo, inclusive, o aumento da sua participação de mercado. Por meio dessa metodologia, o gerenciamento das decisões passa a

ser abalizado em dados e não apenas em intenções ou sentimentos.
Por essas e outras razões, atualmente é crescente o seu uso para a melhoria de serviços.

As metodologias do Seis Sigma

Conforme acima referenciado, a metodologia Seis Sigma é um programa sistemático de melhoria contínua. Fundamentalmente, há dois tipos de metodologias utilizadas para a solução de problemas, ambas compostas por cinco fases. A primeira delas (DMAIC) é utilizada para a melhoria de produtos e processos de negócios ou serviços já existentes. A segunda (DMADV), por sua vez, é utilizada em projetos destinados à criação de novos serviços.

As fases da metodologia **DMAIC** (termo acrônimo da expressão inglesa **D**efine-**M**easure-**A**nalyze-**I**mprove-**C**ontrol) são as seguintes:
• **D**efine (definir): consiste na definição do problema a ser melhorado a partir da visão e, principalmente, das necessidades do cliente;
• **M**easure (medição): consiste na mensuração dos principais aspectos do processo atual e na coleta dos dados relevantes a serem tratados;
• **A**nalyse (análise): consiste em analisar os dados selecionados na fase anterior para investigar as possíveis relações de causa e efeito;
• **I**mprove (melhoria): consiste em melhorar o processo a partir da análise dos dados, utilizando técnicas como desenho de experimentos e prova de erros, com vistas a uma padronização do trabalho para geração de um novo processo, agora já próximo do nível de perfeição (com pouquíssimas variações);
• **C**ontrol (controlar): consiste no estabelecimento de mecanismos estatísticos de controle do processo.
Convém ressaltar que, conforme preceitua a filosofia da metodologia Seis Sigma, um processo nunca estará plenamente acabado ou em um nível de perfeição tal que não possa ser melhorado ou aperfeiçoado. Haverá sempre espaços para o incremento de melhorias contínuas.

Sob a mesma lógica da primeira, as cinco fases da metodologia **DMADV** (termo acrônimo da expressão inglesa **D**efine-**M**easure-**A**nalyze-**D**esign-**V**erify) são as seguintes:
• **D**efine (definir): consiste na definição dos objetivos e necessidades dos clientes, alinhados com as estratégias da organização;
• **M**easure (medição e identificação): consiste em medir e identificar as características que são críticas para a qualidade, as capacidades do produto, as capacidades do processo de produção e os riscos envolvidos;

• **A**nalyze: analisar para desenvolver e projetar alternativas, criando um desenho de alto nível e avaliar as capacidades para selecionar o melhor projeto;
• **D**esign details: desenhar detalhes, otimizar o projeto e planejar a verificação do desenho. Esta fase se torna uma das mais longas pelo fato de necessitar muitos testes;
• **V**erify the design: verificar o projeto, executar pilotos do processo, implementar o processo de produção e entregar ao proprietário do processo.

Vantagens e benefícios da metodologia Seis Sigma

Por meio do uso da metodologia Seis Sigma, é possível imprimir as seguintes vantagens e benefícios para as organizações que dela fazem uso:
• De forma pragmática, (re)direciona o foco para a solução de problemas e para o atendimento genuíno das reais necessidades do cliente, elevando a sua satisfação;
• Instaura a cultura da melhoria contínua na organização;
• Promove a integração entre as diversas áreas da empresa;
• Otimiza o rendimento dos processos, por meio da redução dos custos e do tempo de ciclo de cada processo;
• Reduz os estoques e o percentual de entregas com atraso;
• Reduz os prejuízos com o rebotalho na produção ou na devolução de produtos defeituosos e;
• Em decorrência dos itens acima, eleva a lucratividade da organização.

A partir dessas argumentações, objetivou-se fundamentar, sobretudo, que a metodologia Seis Sigma não é mero modismo. Ao contrário, trata-se de uma poderosa ferramenta de negócios na medida em que eleva a competitividade das organizações por meio da melhoria contínua dos seus processos, do alinhamento destes com os requisitos do mercado (cliente), objetivando a máxima rentabilidade, regulando o foco para o que realmente agrega valor ao processo e, principalmente, ao cliente.

Ser + com Qualidade Total

Adriano César Rosa da Costa

Sócio-diretor, consultor organizacional e palestrante da FATORH Consultoria. Graduado em Psicologia e Doutorando pela Universidade Federal do Rio Grande do Norte (UFRN), Mestre em Administração pela Universidade Estadual do Ceará (UECE). *Personal & Professional Coach* pela Sociedade Brasileira de *Coaching* (SBC). *"Black Belt"* em *Six Sigma*. Mais de 10 anos de experiência em projetos de consultoria nas áreas de planejamento estratégico, gestão de pessoas e gestão da qualidade. Foi consultor interno de Recursos Humanos e executivo do Banco do Nordeste do Brasil S/A (BNB). Consultor credenciado do SEBRAE/AL. Professor de cursos de graduação e de pós-graduações nas áreas de Gestão de Pessoas e de Gestão de Negócios. Membro do Instituto Brasileiro de Governança Corporativa (IBGC).

E-mail: adriano@fatorhconsultoria.com.br
Site: www.fatorhconsultoria.com.br
Telefone: (82) 9944-8338
Twitter: @AdrianoCesar

Anotações

21

ISO 9004/2010
Gestão para o sucesso sustentável

Atendendo ao padrão relativamente comum a grandes mudanças na família da Qualidade, a norma ISO 9004 geralmente serve de diretriz para o novo padrão 9001. Em 2010, a nova versão da norma foi lançada como espelho futuro da ISO em 2013

Audenicio Cambra

Ser + com Qualidade Total

Audenicio Cambra

O objetivo principal da nova norma para as organizações é que a empresa alcance o sucesso sustentável através da implementação de ferramentas que são modelos de excelência para a gestão empresarial. A norma define sucesso sustentável como a capacidade de uma organização ou de uma atividade se manter ou desenvolver o seu desempenho a longo prazo.

Ao contrário da antiga versão, a nova norma não foca apenas na satisfação do cliente, mas sim na necessidade das partes interessadas. Uma das partes interessadas pode ser o funcionário que busca a qualidade no ambiente de trabalho ou a própria sociedade, que busca responsabilidade social e uma boa governança.

Não apenas pesando na política, a nova versão traz a obrigatoriedade de uma missão e visão organizacional que garantam o rumo da empresa e planejem um futuro promissor para a companhia. Vale salientar que, da mesma forma como a 9001 exige o desdobramento com metas e objetivos, a visão também solicitará o mesmo para o seu alcance.

A norma é clara quando cita que o planejamento estratégico deve possuir análise e revisões de sua missão e visão, partes interessadas, benefícios, custos e riscos das partes interessadas, alocação de recursos (Aprovação Orçamentária), comunicação de diretivas e autorizações dos responsáveis. Certamente, pela quantidade de diretrizes, faz-se pensar que, certamente para esse requisito, a norma solicitará a existência de um registro.

Sempre com o foco na eficácia dos processos, a ISO 9001/2008 nunca se preocupou com a velocidade, mas sim com a qualidade do produto. A norma 9004 quebra esse paradigma e começa a tratar a eficiência do processo incentivando a criação de indicadores de produtividade para garantir, assim, o volume necessário, objetivando o sucesso da empresa.

A responsabilidade da Direção na nova norma passa a se chamar Responsabilidade da Gestão e passa a atender à expectativa de seus clientes, identificar e analisar a necessidade das partes interessadas, atender às especificações estatutárias e regulamentares, avaliar o ambiente externo e interno e os seus resultados como também fornecer estrutura, processos e recursos para implantar sua estratégia e política.

Verificar de forma periódica a eficácia da ação junto ao planejamento e, nos casos onde não tenha sido eficaz, deve-se mudar a estratégia, alterando o planejamento.

A norma especifica que a organização precisa constantemente monitorar e analisar o ambiente externo no qual atua para obter dados e informações sobre as quais poderá tomar decisões para a mudança e inovação organizacional. O monitoramento do ambiente organizacional deve:
• Identificar e entender a necessidade das partes interessadas;
• Avaliar os pontos fortes, fracos, oportunidades e riscos de mercado e do produto;
• Entender as tendências, necessidades e expectativas dos clientes atuais;
• Avaliar a capacidade atual da organização e dos processos.

Ser + com Qualidade Total

É especificado em norma que, além de eliminar os riscos relacionados ao seu ambiente, a organização deverá reduzir os riscos internos e externos, propondo cenário para a eliminação, redução, controle e influência sobre eles.

A política da qualidade se transforma em política estratégica que satisfaz a missão e visão organizacional como também define resposta a um risco interno ou externo emergente.

É necessário que a descrição dos valores organizacionais esteja explícita e disponível às partes interessadas. Determinar quais produtos serão fornecidos, levando em consideração as partes interessadas, é muito importante para o sucesso do produto.

A organização deverá traduzir sua política e estratégias formuladas em objetivos para os diferentes níveis da organização, incluindo:
• A definição, o alinhamento e a progressão de objetivos;
• Avaliação e compreensão da situação atual da organização;
• Manter as partes interessadas, sejam elas internas ou externas, engajadas e informadas;
• Antecipar o impacto de potenciais conflitos;
• Estabelecer acompanhamento efetivo e mecanismo de reporte;
• Fornecer os recursos para ações corretivas e preventivas, para tratar dos riscos e potenciais problemas;

No requisito chamado de Cenários e Riscos Estratégicos, a organização deverá identificar, analisar e preparar cenários para responder a futuros alternativos imprevisíveis.

No item de desenvolvimento em processo e estrutura da organização, ela define que para suportar o desenvolvimento efetivo de sua política, estratégias e objetivos, a organização deverá construir um mapa de processo para mostrar como suas atividades se relacionam umas com as outras.

O mapa do processo deverá ser uma informação essencial para as atividades de revisão da gestão da organização, para permitir que seus gestores identifiquem os principais processos para rever a estrutura de forma sistemática e para efetuar as mudanças necessárias.

As políticas e métodos da organização para alocação de recursos deverão ser consistentes com sua estratégia. A organização deverá identificar suas necessidades financeiras e adquirir recursos financeiros necessários para suas atividades atuais e para futuros investimentos.
• Deve implantar monitoramento e controle do uso de recursos financeiros e retorno sobre o investimento;
• A organização também deverá executar sua alocação efetiva e eficiente;

Em relação ao RH, as mudanças são significativas, ditando que todas as capacitações realizadas devem ser feitas em prol da empresa. A Gestão de Recursos Humanos também deverá ser feita de uma forma planejada, transparente, ética e socialmente responsável.

A Organização deverá estabelecer processos para identificar, desenvolver e aprimorar a competência de seu pessoal. No novo item de envolvimento e motivação das pessoas, a organização deverá motivar seu pessoal a compreender a significância e importância de suas responsabilidades e atividades com relação à criação e provisão de valor para a organização e para suas partes interessadas.

Tratando de compras, devem-se considerar parcerias como sendo uma forma específica de recurso, onde parceiros investem e compartilham dos lucros ou perdas da área de atividade da organização.
A escolha do fornecedor deverá considerar:
• Sua potencial contribuição para as atividades da organização e a capacidade de criar valor para o cliente;
• Os potenciais riscos resultantes das relações com parceiros. Existem alguns problemas a serem considerados com relação a parceiros:
• Fornecimento de informações estratégicas;
• Dar suporte a parceiros;
• Compartilhar os lucros e melhorar a atuação dos parceiros.
A organização deverá avaliar suas relações com os parceiros e aprimorar sua capacidade, considerando:
• Aumento de valor para o cliente dos produtos fornecidos pela colaboração com os parceiros;
• Capacidades dos parceiros individuais;
• Maturidade do sistema de gestão da qualidade dos parceiros.

A Organização deverá rever continuamente suas relações com os parceiros, considerando o equilíbrio entre seus objetivos de curto e longo prazo.

Em se tratando de infraestrutura, a empresa deve considerar a confiabilidade, proteção, segurança, custo e impacto ambiental com relação aos seus objetivos. A organização deve rever sua infraestrutura e seus processos de gestão relacionados a intervalos pré-definidos, para garantir que atendam às suas necessidades atuais e futuras.

A organização deverá identificar os riscos associados à sua infraestrutura, considerar suas consequências e proteger as necessidades e expectativas das partes interessadas.

A organização deverá garantir que seu ambiente de trabalho esteja em conformidade com todas as especificações regulamentares e estatutárias aplicáveis (inclusive as relacionadas à saúde e segurança ocupacional). Ao mesmo tempo, a organização deverá buscar formas de manter a sustentabilidade e competitividade, encorajando a produtividade, criatividade e bem-estar no ambiente de trabalho para as pessoas da organização e outras pessoas que estejam trabalhando ou visitando as instalações da organização (por exemplo, clientes, fornecedores, parceiros etc.).

A organização deverá tratar o conhecimento, a informação e a tecnologia como recursos essenciais, deverá desenvolver, implantar e manter processo para:
• Identificar;
• Obter;
• Manter;
• Proteger;
• Utilizar;

Ser + com Qualidade Total

- Avaliar a necessidade;
- Compartilhar com as partes interessadas.

Falando de meio ambiente, a norma cita que o uso eficiente dos recursos naturais (tais como água, petróleo, minerais, matéria prima etc.) é indispensável para a sustentabilidade da organização e para a conservação do ambiente para, por exemplo:

- Considerar riscos;
- Considerar oportunidades;
- Efeitos colaterais;
- Uso e descarte;

O requisito 10 certamente é o mais interessante de todos os requisitos por trazer à tona a necessidade do aprimoramento, inovação e aprendizado. A empresa precisa aprimorar e inovar:

- Produtos;
- Processos;
- Estruturas organizacionais (interface de processos);
- Forma de atuar em seu próprio ambiente;
- Sistema de Gestão da Qualidade;

A organização deverá definir seus objetivos de aprimoramento com base em:

- Monitoramento, medição e análise do *feedback* de seus clientes e outras partes interessadas;
- Monitoramento, medição e análise dos processos de concretização e suporte relevantes;
- Auditorias internas e autoavaliações;
- Sugestões do pessoal da organização e parceiros;
- Revisões da gestão dos níveis operacionais e estratégicos;

O desenvolvimento da capacidade de aprendizado da organização depende de dois aspectos:

- Sua capacidade de coletar informações, analisar e obter percepções de diversas fontes e eventos internos e externos;
- Sua capacidade de integrar as competências pessoais e organizacionais:
- A direção da organização deveria criar a cultura de ser uma organização aprendiz, promovendo o aprendizado com base na autonomia de seu pessoal e disposição para compartilhar o conhecimento aprendido.

Em resumo, as grandes mudanças radicais previstas mudam os princípios da ISO, que na versão 2008 são:

- Abordagem factual;
- Melhoria contínua;
- Liderança;
- Satisfação do cliente;

- Abordagem processo;
- Abordagem sistêmica;
- Parceria;

E passaram a ser:

- Aspectos éticos;
- Aspectos sociais;
- Missão, visão e cultura;
- Gestão do conhecimento;

- Gestão do risco;
- Flexibilidade a mudanças;
- Objetivo x resultado;

Audenicio Cambra

Auditor líder da BVC, Consultor e Instrutor da Obj Consultoria e treinamentos, consultor credenciado ao SEBRAE nas áreas de qualidade, planejamento e meio ambiente, experiência de mais de 12 anos na área de qualidade. Técnico em química e Tecnólogo em gestão financeira.

E-mail: diretoria@objconsultoria.com.br
Site: www.objconsultoria.com.br
Telefones: (81) 3492-3362 / (81) 8814-5106

Anotações

Encerramento

Ser + com Qualidade Total

Neste livro você teve a oportunidade de conhecer filosofias, pensamentos, ferramentas, exemplos práticos e recomendações de especialistas.

Cada um que aqui contribuiu é "dono da sua verdade", decorrente da própria experiência. A aplicação do que foi exposto dependerá da análise de cada leitor que vive em um ambiente diferente, pois cada ambiente é único, portanto, dependerá de você, a partir de suas conclusões, buscar mais informações sobre os temas e adaptar os conceitos de modo a obter pleno sucesso com Qualidade Total.

Também é necessário lembrar que apenas algumas ferramentas foram apresentadas, dependendo da adesão dos coautores, restando dezenas de outras a pesquisar e avaliar a melhor oportunidade de implantação.

Além dos Princípios de *Deming*, PDCA, Fundamentos da Excelência, MEG, Planejamento Estratégico, Sete Ferramentas Estatísticas da Qualidade, *Kaizen*, 5S, Manufatura Celular, Gestão à Vista, Gestão de Pessoas, 6 Sigma e ISO, convidamos o leitor a procurar mais informações sobre tantas outras metodologias e ferramentas que estão à disposição de todos, bastando ter vontade de aplicar.

Apenas para ilustrar: *Just in Time, Kanban,* TPM, CEP, CCQ, MASP, FMEA, SMED, *Standard Work*, DOE e muitas outras.

Uma recomendação neste momento é manter a humildade, começando pelas aplicações mais simples e ir sofisticando apenas depois que a aplicação destas estiver consolidada.

Deixo aqui um aviso importante:

Não será fácil implantar a Qualidade Total em sua empresa, mas valerá o esforço. Determine suas metas, venda a ideia para sua equipe (e este é o passo mais importante), planeje detalhadamente, delegue, meça os resultados a cada etapa, comunique-se o tempo todo, tome as ações de correção de curso necessárias e festeje com a equipe cada sucesso.

Tudo depende das pessoas. Sozinho e por "decreto lei" não se alcança a Qualidade Total.

Finalizo dizendo que poucas coisas foram divisores de águas na minha vida, e certamente Qualidade Total foi uma delas.

Engenheiro de formação, fui treinado para ver as coisas do ponto de vista do concreto, do matemático, do lógico e racional. Sendo gestor de produção - comecei como ajudante geral– minhas metas eram quantidade e prazo. Ao longo da minha carreira e à custa de alguns revezes, aprendi que o principal recurso de uma empresa são suas pessoas, que devem ser tratadas com respeito e em verdadeira parceria, isto é, com responsabilidades mútuas.

Assim tornei-me um líder de sucesso e, ao adotar a filosofia da Qualidade Total, passei a gostar mais do meu trabalho e ver com alegria o desenvolvimento de muitas pessoas. Minhas metas alinharam-se ao conceito amplo de qualidade que compreende não apenas a conformidade, mas também o atendimento ao cliente, custos e qualidade de vida de todos.

A Qualidade Total mudou a vida do Japão e pode mudar a sua, portanto, mãos à obra!

Celso Estrella

Ser + com Qualidade Total

Outros produtos da Editora Ser Mais
Você pode *Ser Mais* todo Mês!

Assine a Revista Ser Mais
Ou compre em uma banca
próxima a você!

Faça sua assinatura pelo
telefone 2659-0964
e ganhe um
brinde especial!

**Ser + com
Palestrantes Campeões**
Dicas e práticas de quem
chegou ao sucesso através da
fala e influência

**Manual Completo de
Coaching**
Grandes especialistas apresentam
estudos e métodos para a excelência
na prática de suas técnicas

MANUAL DAS MÚLTIPLAS INTELIGÊNCIAS

Especialistas explicam como usar todas as inteligências já descobertas para você se diferenciar e vencer na vida pessoal, profissional e empresarial

Ines Cozzo Olivares & Mauricio Sita
Coordenação Editorial

Coleção Ser+

Novos TÍTULOS
novas EXPERIÊNCIAS
e mais CONHECIMENTO
para VOCÊ SER MAIS

Ser+ em Excelência no Atendimento ao Cliente
Fidelizar é preciso
Márcia Rizzi & Mauricio Sita

Ser+ com Equipes de Alto Desempenho
Como recrutar, selecionar, treinar, motivar e dirigir equipes para superar metas
Márcia Rizzi & Mauricio Sita

Ser+ com Saúde Emocional
Mauricio Sita

Ser+ em Comunicação
Grandes especialistas ensinam como usar a comunicação para criar estratégias e diferenciais competitivos pessoais, profissionais e empresariais.
Gutemberg Leite & Mauricio Sita
Coordenação Editorial

Complete sua coleção!

- **Ser+ com Criatividade e Inovação**
  Os segredos para o sucesso dos processos de mudanças
  Como pensar e agir com ousadia para gerar melhores resultados
  Mauricio Sita

- **Ser+ com Motivação**
  Descubra e aprenda como fazer da motivação um diferencial na sua carreira e na sua vida
  Dr. Jô Furlan & Mauricio Sita

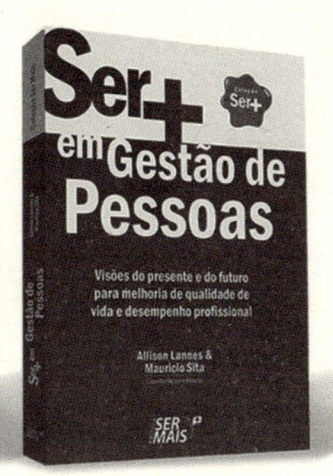

- **Ser+ em Gestão de Pessoas**
  Visões do presente e do futuro para melhoria de qualidade de vida e desempenho profissional
  Allison Lannes & Mauricio Sita

- **Ser+ com Coaching**
  As melhores dicas e estratégias de Coaching para atingir seus objetivos
  Dr. Jô Furlan & Mauricio Sita

- **Ser+ com Palestrantes Campeões**
  Dicas e práticas de quem chegou ao sucesso através da fala e influência
  Mauricio Sita

- **Ser+ em Vendas - Volume II**
  Grandes mestres mostram os caminhos para o sucesso em vendas
  Mauricio Sita

- **Ser+ em Vendas**
- **Ser+ Inovador em RH**
- **Ser+ Saudável e melhorar o seu Bem-Estar**
- **Ser+ com PNL**
- **Ser+ com T&D**

www.revistasermais.com.b

Acesse nosso site e adquira todas as informações para você SER MAIS!